John Veltheim

Das BodyTalk System™

John Veltheim

Das BodyTalk System™

Heilung durch die innere Weisheit unseres Körpers

Aus dem Amerikanischen von Christine Bolam

Lüchow

Published by
PaRama, Inc.

Die Deutsche Bibliothek – CIP Cataloguing-in-Publication-Data
A catalogue record for this publication is available from
Die Deutsche Bibliothek

1. Auflage 2002

Umschlaggestaltung & Innengestaltung:
Designagentur Peter Krafft, Bad Krozingen
Lektorat & Bearbeitung: Wolfgang Höhn
Korrektur: Norbert Gehlen
Satz: DTP + Printmediengestaltung M. Raufer, Freiburg i. Br.
Druck und Bindung: Freiburger Graphische Betriebe
Gedruckt in Deutschland

ISBN 3-932761-21-9

Für meine Frau

Esther,

die inspirierende Kraft und

Mentorin von ***BodyTalk***

Inhalt

Zur Beachtung

Die hier vorgestellten Informationen sind nach bestem Wissen und Gewissen geprüft worden. Dennoch übernehmen der Autor und der Verlag keinerlei Haftung für Schäden irgendeiner Art, die sich direkt oder indirekt aus dem Gebrauch der hier vorgestellten Anwendungen ergeben. Bitte nehmen Sie bei ernsthaften Beschwerden professionelle Diagnose und Therapie durch ärztliche und naturheilkundliche Fachleute in Anspruch.

Weder der Autor noch der Verlag können für die Folgen, die aus der praktischen Anwendung oder dem Missbrauch der in diesem Buch enthaltenen Informationen entstehen könnten, verantwortlich gemacht werden. Wer für sich selbst BodyTalk-Balancen ausführt, ohne sich genau an die Anweisungen, Erläuterungen und Warnungen des Autors zu halten, tut dies ausschließlich in eigener Verantwortung.

Einführung

Gary*

Gary hatte heftiges Drüsenfieber, als er 39 Jahre alt war. Er erholte sich zwar vom akuten Stadium der Krankheit, doch blieb eine Virenbelastung zurück, die zu einem chronischen Erschöpfungssyndrom führte. Er war ständig müde und litt unter Muskelschmerzen und -krämpfen, Kopfschmerzen und chronisch erhöhter Temperatur. Jede körperliche Betätigung erschöpfte ihn sofort. Die Ärzte erklärten ihm sogar, dass er im Rollstuhl enden könnte, weil der Virus nach all den Jahren immer noch in seinem Blut war.

Da die Schulmedizin ihm nichts zu bieten hatte, ließ er sich ausgiebig mit Kräutern, homöopathischen Mitteln, Chiropraktik, Akupunktur und Reiki behandeln. Doch nach sechs Jahren war keine Besserung in Sicht und er litt täglich unter Schmerzzuständen, Kopfschmerzen, Depressionen und Ermüdungserscheinungen.

Nachdem Gary zum zweiten Mal mit BodyTalk ausbalanciert worden war, bekam er eine Immunreaktion mit erhöhter Körpertemperatur (40° C) und grippeartigen Symptomen, die drei Tage lang anhielt. Schon

---

* *Alle Fallbeispiele im Buch sind mit den englischen Vornamen der Klienten überschrieben.*

wenige Tage später fühlte er sich großartig. Alle Symptome des chronischen Erschöpfungssyndroms waren verschwunden. Als er eine Woche später sein Blut testen ließ, stellte sich heraus, dass der Virus verschwunden war. Es gab nur noch eine erhöhte Antigenaktivität, was darauf hindeutete, dass sein Immunsystem den Virus endlich besiegt hatte.

Carol

Als Carol zum ersten Mal in meine Klinik kam, war sie zu Recht sehr verstört. Ein Facharzt hatte ihr erklärt, dass sie nur noch wenige Tage zu leben habe und er ihr nicht weiterhelfen könne. Carol litt unter einer Gefäßentzündung (Vaskulitis), die ohne Erfolg mit massiven Dosen von Cortison behandelt worden war. Ihr gesamtes Gefäßsystem war von Parasiten befallen, welche die Wände der Blutgefäße zerstörten. Das führte zu Blutungen, die teilweise unter der Haut zu erkennen waren – doch die Hauptgefahr bestand darin, dass Carol innerlich langsam zu verbluten drohte.

Die BodyTalk-Balance versetzte ihr Immunsystem in die Lage, sich ganz spezifisch auf die Parasiten und die dahinter liegenden Ursachen zu richten. Neun Stunden später waren alle Parasiten von ihrem Immunsystem zerstört worden und sie erholte sich innerhalb weniger Tage. Carol praktiziert heute selbst das BodyTalk-System.

Jenny

Jennys rechte Schulter war bei einem Skiunfall ausgerenkt worden. Da sie schon bei früheren Sportverletzungen erfolgreich mit BodyTalk ausbalanciert worden war, bestand sie darauf, kein Krankenhaus aufzusuchen, sondern in meine Praxis zu kommen. Als sie bei mir ankam, lag der Unfall zwei Stunden zurück und eine Entzündung hatte eingesetzt, die das Einrenken erheblich erschwerte. Also nahmen wir einerseits die Schulter und andererseits die gegenüberliegende Hüfte in einen sanften Haltegriff, um eine Wechselbeziehung herzustellen. Dann tippten wir auf Jennys Kopf und Brustbein. Das führte zu ganz erstaunlichen Ergebnissen: Schon nach wenigen Minuten ließ der Schmerz merklich nach. Dann spannten und entspannten sich die Muskeln im Schultergürtel mehrfach und zu unserem Erstaunen zogen die Muskeln selbst auf diese Weise das Schulterblatt fast ohne Schmerzen in die richtige Position zurück. Eine Viertelstunde später konnte Jenny ihre Schulter wieder vollständig bewegen und am Tag darauf war das Problem so gut wie verschwunden.

Ann

Ann litt unter einer so extremen Angst vor Spinnen, dass sie sich übergeben musste, sobald sie eine Spinne sah. Es braucht nicht gesagt zu werden, dass es sich hierbei um ein ernstes Problem handelte, das ihr soziales Leben stark beeinträchtigte. Sie fürchtete sich auszugehen, aus Angst, eine Spinne könnte auftauchen und sie in größte Verlegenheit bringen.

Die BodyTalk-Balance bei Spinnenphobien und fast allen anderen Ängsten dieser Art ist einfach: Man dissoziiert die traumatische emotionale Erinnerung, die mit der Phobie im Zusammenhang steht, von der normalen Gehirntätigkeit. Schon nach *einer* Balance war Anns Phobie völlig verschwunden und ihr Leben wieder lebenswert.

Pam

Die 62-jährige Pam war die Treppe heruntergefallen. In den folgenden zwei Jahren konnte sie ihren Kopf trotz intensiver Behandlungen mit verschiedenen Therapiemethoden weder nach rechts noch nach links drehen. Ihr wurde gesagt, dass sie ihre volle Bewegungsfähigkeit auf Grund einer Kombination von Arthritis und zunehmendem Alter nie wiedererlangen würde.

Nach einer zehnminütigen BodyTalk-Balance hatte sich der Bewegungsradius ihres Nackens um siebzig Prozent gebessert. Nach zwei weiteren Balancen war die volle Bewegungsfreiheit zurückgekehrt. Pam ist heute schmerzfrei.

John

Der siebenjährige John holte sich eine heftige Grippe, die in seiner Schule kursierte. Er erwachte mit Fieber, Hals- und Brustschmerzen, Husten und Kopfweh. Seine Mutter hatte die (in diesem Buch vorgestellte) einfache BodyTalk-Balance für Infektionen und Viren gelernt und wandte sie bei John sofort an. Er nahm keine Medikamente ein. Sie behielt ihn zu Hause und beobachtete, dass sein Fieber einige Stunden lang rapide anstieg. Auch sein Symptome schienen sich zu verschlechtern. Doch am Nachmittag verschwanden sowohl Fieber als auch Symptome ebenso schnell, wie sie aufgetaucht waren. Am nächsten Morgen waren alle Symptome verschwunden und John ging wieder zur Schule. Es fiel ihm allerdings auf, dass all seine Freunde, die auch an der Grippe erkrankt waren, mindestens eine Woche brauchten, um gesund zu werden.

Lynn

Lynns Ferienaufenthalt in Mexiko war zu einem Albtraum geworden. Die Parasiten, die sie hach Hause mitbrachte, führten zu heftigsten Durchfällen, Magenkrämpfen, Übelkeit und extremem Unwohlsein. Von ihrer Nachbarin ließ sie sich sofort eine BodyTalk-Balance geben. Das aktivierte ihr Immunsystem und die Parasiten wurden vernichtet. Zwei Tage später war Lynn wiederhergestellt.

Alice
Alice hatte sich nie von dem Schock und von der Trauer erholt, die der plötzliche Tod ihres Mannes (durch Herzinfarkt) bei ihr ausgelöst hatten. Sie war in tiefe Depression versunken, von der sie sich nicht befreien konnte – so sehr sie auch versuchte, wieder am Leben teilzuhaben. Die Depression hatte ihr Immunsystem geschwächt und Alice war vor keiner Ansteckung gefeit. Ständig musste sie sich Antibiotika verschreiben lassen und sie fühlte sich schwach und müde.

Mit BodyTalk wurden all die Kommunikationssysteme wieder vernetzt, die der Schock über den Tod ihres Mannes unterbrochen hatte. So konnte ihr Körper die Trauer endlich verarbeiten und das Drüsen- und Immunsystem wieder in den Normalzustand zurückführen. Alices Heilung war beeindruckend. Schon nach einer Woche fühlte sie sich lebendig und vital und war wieder in der Lage, sich auf die kommenden Jahre zu freuen.

Wenngleich sich die vorgestellten Fälle voneinander unterscheiden und ein breites Spektrum menschlicher Beschwerden umfassen, wurde in allen Fällen auf dieselbe einfache und effektive Weise gearbeitet: Mit BodyTalk wurde die Kommunikation zwischen sämtlichen Körperteilen wiederhergestellt.

Keine Medikamente wurden verabreicht, keine Therapien wurden angewendet, keine Diagnose wurde gestellt. In allen Fällen diktierte der Körper selbst, was in welcher Reihenfolge und wie häufig getan werden sollte. Das ist das Wunder von BodyTalk und auf den folgenden Seiten werden wir dies genauer untersuchen.

BodyTalk entsteht, wenn wir die Weisheit des fortgeschrittenen Yoga und die Philosophie des Advaita mit den Erkenntnissen moderner Physik und Mathematik, der Energiedynamik der Akupunktur, den klinischen

Erkenntnissen der *Applied Kinesiology* und den Errungenschaften der westlichen Medizin verbinden. BodyTalk beruht auf dieser Synthese von altem und modernem Wissen und besitzt daher das Potenzial, den Ablauf aller alternativen und orthodoxen Therapien zu revolutionieren.

Das BodyTalk-System kann übergreifend in Kombination mit allen anderen Therapieformen angewandt werden, steht jedoch auch für sich allein. Es besticht besonders durch seine Einfachheit, seine sichere Anwendung und die Geschwindigkeit, mit der es wirkt. Auf Tiere kann es ebenso angewandt werden wie auf Menschen, und sein Wirkungsbereich erstreckt sich sogar auf Pflanzen.

Sie können mit BodyTalk niemanden verletzen. Wenn Sie eine Technik falsch ausführen, wird es einfach keine Veränderung oder Verbesserung geben. Doch nichts wird sich dadurch verschlechtern.

Ich möchte Ihnen die Prinzipien und die Philosophie vorstellen, auf denen BodyTalk beruht, und außerdem viele der einfachen BodyTalk-Techniken erklären. Dabei ist es mein Wunsch, Ihnen zu zeigen, dass BodyTalk einen neuen Standard für das Gesundheitswesen des 21. Jahrhunderts setzt. BodyTalk beruht auf einem nichtinvasiven, einfachen System, das einen tiefen Respekt vor der innersten Weisheit eines jeden lebenden Organismus fördert. Wenn diese Weisheit erschlossen und eingesetzt wird, kann auf wunderbare Weise Heilung geschehen.

Anmerkung: Der Einfachheit halber wird in der deutschen Übersetzung (wie im Original) im Allgemeinen die männliche Form verwandt; weibliche Leser, Anwender und Klienten werden gebeten, sich trotzdem angesprochen zu fühlen.

Kapitel 1

Die grundlegenden Prinzipien von BodyTalk

I. Körperweisheit

1. Der Körper besitzt eine innere Weisheit, die ihn auf allen Ebenen heilen kann, wenn ihr Raum gegeben wird.

2. Diese innere Weisheit des Körpers kann uns sogar mitteilen, was mit dem Organismus nicht in Ordnung ist, was balanciert werden muss und in welcher Reihenfolge.

3. Der Schlüssel zur Gesunderhaltung des Körpers liegt in der Wiederherstellung der Kommunikation zwischen seinen verschiedenen Systemen und Teilen. Anschließend kann der Körper seine Vorgänge synchronisieren, sich heilen und sich auf die alltäglichen Anforderungen einstellen.

4. Der wichtigste Gesichtspunkt im Heilungsprozess ist die spezifische Reihenfolge, in welcher der Körper seine Teile und Systeme heilt. Einer der Hauptfaktoren, die den Heilungsprozess aufhalten, besteht darin, dass der Anwender seine festen Vorstellungen und Pläne auf den Klienten projiziert.

5. Je mehr wir die innere Weisheit des Körpers (das höhere Selbst, den Zeugen, den Ursprung oder wie immer Sie sie nennen wollen) respektieren, desto besser leitet sie uns an und desto stärker wird sie.

II. Prinzipien der Balance

1. Den Körper fragen

Der Körper kann über Muskel-Biofeedback danach gefragt werden, was nicht in Ordnung ist. Wenn wir eine Kommunikationsbasis einrichten, die auf *Ja/Nein* basiert, brauchen wir nur noch ein Verfahren zu lernen, das den ganzen KörperGeist-Komplex systematisch abdeckt. Dann kann der Körper uns anleiten und seine Bedürfnisse mitteilen.

2. Vernetzen

Vernetzungen sind der Schlüssel zu diesem neuen Paradigma in der Gesundheitspflege. Der Anwender fragt den Körper, welche Teile in welcher Reihenfolge vernetzt werden sollen, damit die Kommunikation wiederhergestellt und die Heilung unterstützt wird.

3. Tippen

Das Tippen auf Kopf (Gehirn) und Brustbein (Herz) unterstützt den Vernetzungsvorgang und speichert ihn.

4. Vertieftes Atmen

Oft wird während der Balance vertiefte Atmung eingesetzt, die dem Körper helfen soll, die notwendigen Vernetzungen ausfindig zu machen und die Korrekturen auszuführen.

Kapitel 2

Innere Weisheit

Der Körper besitzt eine innere Weisheit, die ihn auf allen Ebenen heilen kann, wenn ihr Raum gegeben wird. (Kap. 1, I. 1.)

Allen, die sich schon mit alternativen Heilweisen befasst haben, mag diese Aussage offensichtlich erscheinen. Doch ich fordere Sie auf, wirklich über ihre Bedeutung nachzudenken. Ich glaube, wir machen es uns häufig gar nicht klar, auf welch machtvolle Weise wir die innere Weisheit des Körpers anzapfen können.

Es ist uns allen bekannt, dass der Körper einen eingebauten Mechanismus besitzt, der die Heilungsprozesse des täglichen Lebens in Gang setzt. Wenn wir uns schneiden, leitet der Körper sofort einen Prozess ein, um die Wunde zu heilen. Das geschieht auf allen Ebenen – körperlich, emotional und mental. Dieser Prozess ist uns allen zwar geläufig, doch ich habe die Erfahrung gemacht, dass die meisten Heilungssysteme nicht wirklich anerkennen, wie wundervoll der menschliche Organismus wirklich ist oder welches Potenzial er besitzt.

Wir sind sehr schnell bereit, Gott zu spielen, unsere eigene Diagnose zu stellen und unserem Körper mitzuteilen, wie er sich auf der Basis unserer (vorgeblichen) höheren Kenntnis des Heilungsprozesses selbst heilen sollte. Gut, vielleicht haben Sie einfach nur die Absicht, dem Körper unter die Arme zu greifen, wenn er seine Aufgabe nicht erfüllt. Doch dieser erledigt nur deshalb seine Aufgabe nicht, weil alltägliche Anforderungen und Störungen seine Kommunikationssysteme geschädigt haben. Wenn Sie die verschiedenen Körperteile wieder mit einem ordentlichen Kommunikationssystem vernetzt haben, kann und wird Heilung stattfinden – außer in extremen Notfällen.

Das Problem ist, dass die Kommunikation bisher nicht im Mittelpunkt stand. Vielmehr lag das Augenmerk darauf, die Teile, die anscheinend das Problem darstellten, zu reparieren und dann darauf zu hoffen, dass der Körper sie wieder in Einklang mit dem Rest bringen werde. Die neue Sichtweise besagt, dass zunächst die Übereinstimmung wiederhergestellt werden muss. Dann wird der Körper seine eigenen Teile selbst reparieren. In dem neuen, dynamischen Energiefeld werden sie schnell zu ihrer normalen Aktivität zurückfinden – im Einklang mit der KörperGeist-Einheit und ihrem Umfeld.

Die Menschheit hat ihr Wissen über die Funktionsweisen des Körpers völlig überbewertet. Seitdem wir einiges über die physiologischen Prozesse des Körpers wissen, sind wir der Meinung, Gott spielen zu dürfen. In den letzten Jahren ist es immer offensichtlicher geworden, dass unser Wissen über die Funktionsweisen des Körpers noch in den Kinderschuhen steckt. Sie können jetzt auf die vielen Lehrbücher hinweisen, die ein enormes Wissen enthalten, und sich voller Stolz mit all den zahllosen Informationen brüsten, die man inzwischen über den Körper angesammelt hat. Doch genauso könnte man sich ein Lexikon vornehmen und behaupten, es enthielte alles Wissen in der Welt – aber dieses Wissen ist nicht mehr als ein Tropfen im Ozean.

Jeden Tag erhalten wir neue Beweise dafür, was für ein komplexes System unsere KörperGeist-Einheit ist. Die unglaublichen Wechselbeziehungen der verschiedenen physischen Körperbereiche mit Energiesystemen, Umweltfaktoren sowie mentalen und emotionalen Faktoren führen zu einem komplexen Beziehungsgeflecht, das wir bislang nur ansatzweise erfassen können. Und der größte Witz ist, dass wir glauben dem Körper auf Grund unseres Wissens sagen zu können, wie er seine Arbeit verrichten soll, während er das doch seit Millionen von Jahren erfolgreich selbst tut. Wie arrogant wir sind!

Nun mögen Sie einwenden, dass es auch Zeiten gibt, da der Körper seine Arbeit nicht gut verrichtet und Hilfe braucht. Sicher, doch die Hilfe, die ihm entgegengebracht wurde, entspricht nicht unbedingt seinen Wünschen oder dem, was er bei den meisten Problemen wirklich will oder braucht.

Das eigentliche Problem, mit dem unser Körper konfrontiert ist, hat damit zu tun, dass der Lebensstil, die Kultur und die Technologie der heutigen Zeit die natürlichen Abläufe stören. Sie behindern die Kommunikationswege, die es dem Körper ermöglichen, in jeder Sekunde Milliarden von synchronisierten Vorgängen zu koordinieren, die nötig sind, um eine optimale Gesundheit zu garantieren.

BodyTalk vertritt eine Sichtweise, in der die Medizin der Zukunft die Ehrfurcht gebietende innere Weisheit des Körpers wieder anerkennt. Wir können lernen, dieses Wissen für uns zu nutzen, indem wir es anwenden – und nicht, indem wir ihm unser klägliches, kindisches Wissen überstülpen.

Kapitel 3

Führung durch das höhere Selbst

Diese innere Weisheit des Körpers kann uns sogar mitteilen, was mit dem Organismus nicht in Ordnung ist, was balanciert werden muss und in welcher Reihenfolge.
(Kap. 1, I. 2.)

Immer schon haben die Menschen um die Macht der Intuition gewusst. Doch den meisten ist diese Kunst leider abhanden gekommen. Intellektuelle Kritik und Zynismus lassen uns an der Intuition zweifeln und wir haben die Welt so lange untersucht, in ihre Einzelteile zerlegt und auf wissenschaftliche Weise analysiert, dass wir den Zugang zu unserer eigenen inneren Weisheit verloren haben und ihr nicht mehr vertrauen. Anscheinend hat nur ein kleiner Prozentsatz von uns das Glück, von Eltern großgezogen zu werden, die ein kreatives, intuitives, auf der rechten Gehirnhälfte basierendes Bewusstsein fördern.

Dass wir diese Fähigkeit verloren haben, das bedeutet nicht, dass sie verschwunden ist. Die Tatsache, dass wir unter normalen Umständen von selbst gesund werden, zeugt davon, dass unsere innere Weisheit trotz der begrenzenden Umstände immer noch funktioniert.

Indem das BodyTalk-System diese Weisheit anerkennt, kann es mit ihr kommunizieren und fragen, was wirklich mit dem Körper nicht in Ordnung ist, was balanciert werden soll und – was besonders wichtig ist – in welcher Reihenfolge.

Ein weiterer wichtiger Aspekt für die Balance ist anzuerkennen, dass jeder Mensch einzigartig ist. Jeder Mensch hat eine andere genetische Veranlagung, eine andere Persönlichkeit, andere Glaubensmuster und ist anderen Umwelteinflüssen ausgesetzt.

Das bedeutet, dass die Körperfunktionen und das innere Gleichgewicht eines jeden Menschen verschieden sind. Eine Gefahr besteht darin, dass wir bei der praktischen Anwendung von BodyTalk versuchen, die Gesundheit unserer Klienten nach unserer Vorstellung von der Norm zu beeinflussen.

Es ist eine Lieblingsbeschäftigung der Gesellschaft, Statistiken zu erstellen und die Verhaltens- und Gesundheitsmuster der Mehrheit zu ermitteln. Ein Anwender kann leicht den Fehler machen, diese vermeintlichen Maßstäbe unbewusst anzuerkennen. Dann wird er versuchen, das körperlich-geistige Gleichgewicht seines Klienten nach jenen „Maßstäben" zu korrigieren, anstatt es mit dem individuellen Muster dieses einzigartigen KörperGeistes abzustimmen. Das führt zu einem künstlichen „Ausgleich", der langfristig für den Klienten schädlich sein kann.

Nur die innere Weisheit des Körpers weiß, welches die korrekte Balance für diesen bestimmten KörperGeist ist. Aus diesem Grund sollte nichts ohne den „Segen" der inneren Weisheit balanciert werden. Ich bin mir sicher, dass die Gesellschaft in Zukunft erkennen wird, wie sehr sie der Wissenschaft und dem egoistischen Denken erlaubt hat, an der Natur herumzupfuschen. Das können wir inzwischen an der Umwelt sehen, wo sich die natürliche Harmonie drastisch verschoben hat, weil wir das empfindliche Gleichgewicht der Erde nicht so gut verstanden hatten, wie wir dachten.

Dasselbe geschieht mit dem menschlichen Körper. Wir pfuschen an ihm herum, ohne wirklich zu wissen, wie er funktioniert. Machen Sie sich nichts vor: Wir wissen zwar eine Menge, doch im Vergleich mit dem, was es zu entdecken gibt, steckt jenes Wissen noch in den Kinderschuhen. Schon die Tatsache, dass BodyTalk funktioniert, ist für die etablierte medizinische Wissenschaft eine Herausforderung. Auch sind zum Beispiel die Studien zur Bestimmung schädlicher Nebenwirkungen meist nur Kurzzeitstudien. Langzeitstudien werden oft abgelehnt, weil dabei zu viele Parameter berücksichtigt werden müssen.

Es ist von größter Wichtigkeit, dass wir die Sichtweise, die ich in diesem Buch vorstelle, ernsthaft in Erwägung ziehen, bevor es zu spät ist und wir feststellen, dass wir der genetischen Struktur des Menschen bleibenden Schaden zugefügt haben. Die Möglichkeit, dass die Gattung Mensch durch genetische Zerstörung ebenso ausgelöscht wird wie viele Tierarten, ist durchaus realistisch.

Außerdem ist es wichtig, dem Klienten mitzuteilen, dass er ein einzigartiger KörperGeist ist und eine innere Intelligenz besitzt, die weiß, was richtig für ihn ist. Viele Klienten kommen mit festen Vorstellungen zu ihrer Sitzung. Sie haben sich die Krankheitsgeschichten andere angehört und „wissen" genau, was zu tun ist. Nun glauben sie, dass sie genau dieselbe Balance bräuchten, um wieder gesund zu werden. Ein solcher Klient muss zuerst beraten werden, damit er sein eigenes wahres Wesen, das auf Erb- und Umweltfaktoren beruht, anerkennen kann. Wenn er erkennt, dass Sie seinen Körper befragen, um zu erfahren, was für ihn ganz individuell richtig ist, beginnt ein Individuationsprozess, der ihn befähigen wird, das richtige Gleichgewicht für sein Leben zu finden – körperlich, emotional, mental und spirituell.

Kapitel 4

Wiederherstellung der Kommunikation

Der Schlüssel zur Gesunderhaltung des Körpers liegt in der Wiederherstellung der Kommunikation zwischen seinen verschiedenen Systemen und Teilen. (Kap. 1, I. 3.)

Das wissenschaftliche Denken der letzten Jahrhunderte folgte zwei Hauptrichtungen. Da gibt es einmal das kartesianische Modell, das die Welt als eine Art großer Uhr betrachtet. Descartes behauptete, man müsse das Leben einfach in all seine Einzelteile auseinander nehmen und untersuchen, um das Rätsel des Lebens zu lösen. Dieses Modell schien zu seiner Zeit stimmig zu sein, und die Wissenschaft stürzte sich mit großem Eifer in mathematische und naturwissenschaftliche Studien.

Um die Wende vom 19. zum 20. Jahrhundert entdeckten verschiedene Physiker und Mathematiker, dass Descartes' Theorien doch etwas „einfach gestrickt" waren. Die Relativitätstheorie und die Gesetze der Quantenmechanik ließen sehr bald erkennen, dass sein Uhrmodell nur unter bestimmten Bedingungen von Wert war. Doch obwohl Descartes' Theorie schon seit langem ihre Gültigkeit verloren hat, besteht in der Medizin und bei der Behandlung des Körpers weiterhin die rückständige Tendenz, sich an dem veralteten kartesianischen Modell zu orientieren. Das hat mit unserer Neigung zu tun, die Welt mit einfachster Logik zu erklären – trotz aller Beweise für das Gegenteil.

Wenn wir die Entdeckungen der Quantenmechanik bis in die Gegenwart verfolgen, lässt sich die Entwicklung einer holografischen Sichtweise beobachten. Nach Auffassung der Quantenmechanik befindet sich die Welt auf allen Ebenen in ständiger dynamischer Interaktion und nichts existiert für oder aus sich selbst. Aus dieser Sicht wird alles als Teil eines dynamischen Systems betrachtet, in dem jeder Teil das Ganze reflektiert.

Bell's Theorem besagt, dass man in „keiner Theorie der Realität, die mit der Quantentheorie übereinstimmen soll, davon ausgehen kann, dass räumlich getrennte Ereignisse auch getrennt sind." Anders ausgedrückt, alle räumlich entfernten Ereignisse sind ständig miteinander verbunden und voneinander abhängig. Das bedeutet, dass jedes einzelne Elektron genau „wissen" muss, was jedes andere Elektron im Universum tut, um zu verstehen, was es selbst zu tun hat. Und es bedeutet weiterhin, dass jedes Atom im Universum ständig mit „allem, was ist" in Verbindung steht. Diese Universalität (oder gegenseitige Verbundenheit) der Materie steht im Einklang mit der Vorstellung eines Bewusstseins, das sich aller Dinge bewusst ist – kollektiv und individuell. Dieses Paradigma geht davon aus, dass jeder noch so winzige Teil unseres Körpers genau weiß, was jeder andere Teil gerade tut, und entsprechend darauf reagiert. Folglich ist die innere Weisheit des individuellen Körpers mit der Weisheit des großen Ganzen verbunden. Wenn wir diese Weisheit nutzen, schließen wir uns an das universelle Bewusstsein an.

In seinem Buch *The Web of Life* (deutsche Ausgabe: „Lebensnetz. Ein neues Verständnis der lebendigen Welt") fasst der Physiker Fritjof Capra die Sichtweise des bekannten Quantenphysikers Geoffrey Chew zusammen, der die *Bootstrap*-Theorie („Schnürsenkel-Theorie") entwickelt hat, um bestimmte Beobachtungen im Bereich subatomarer Teilchen zu erklären:

„Die *Btstrap*-Theorie verzichtet nicht nur auf die Vorstellung von Grundbausteinen der Materie, sondern akzeptiert überhaupt keine fundamentalen Einheiten mehr – weder fundamentale Konstanten noch Gesetze oder Gleichungen. Das materielle Universum wird als dynamisches Netz von wechselseitig miteinander zusammenhängenden Vorgängen angesehen. Keine Eigenschaft irgendeines Teils in diesem Netz ist fundamental – sie ergibt sich aus den Eigenschaften der anderen Teile, und die allgemeine Stimmigkeit ihrer wechselseitigen Beziehungen bestimmt die Struktur des gesamten Netzes."

Dies ist eine weitere Bestätigung für das Konzept der Synchronizität. Auch die Schlussfolgerung, dass sich alles im Körper in einem dynamischen, synchronisierten, interaktiven und interdependenten Zustand befindet, steht in Übereinstimmung mit dieser Vorstellung. Dieses Konzept steht ferner in Einklang mit der *Theorie dynamischer Systeme* (*Dynamic Systems Theory*, DST). Diese Theorie ermöglicht es allen Zweigen der alternativen Medizin, einen soliden theoretischen Rahmen für die Arbeit mit dem Körper als Energiesystem zu entwickeln. Außerdem gelingt es damit weitgehend, die verschiedenen Nuancen der Körper-Geist-Beziehung zu erklären, besonders in Bezug auf die Energieheilung. Auch die vielfältigen und widersprüchlichen Erkenntnisse über das menschliche Energiesystem können somit endlich auf relativer Ebene erklärt werden.

Wenn wir die Energiekonzepte der Physik mit dem Konzept eines dynamischen biologischen Systems in Übereinstimmung bringen, stehen dynamische, interaktive, kommunikative, bewusste Beziehungen in und zwischen Systemen im Vordergrund. Das ist wichtig, wenn wir folgende Fragen untersuchen:

- die Beziehung zwischen dem Gehirn und den übrigen Teilen des Körpers;

- die Beziehung zwischen dem Herzen und den übrigen Teilen des Körpers;
- alle anderen Beziehungskombinationen innerhalb des Körpers.

Einige Zweige der Physik zeigen traditionell die Tendenz, die KörperGeist-Systeme zu untersuchen, als wären sie geschlossene Strukturen, die in einfachen linearen Beziehungen mit anderen Strukturen stehen. Das ist in der Schulmedizin besonders deutlich zu erkennen. Die DST hingegen sieht diese Systeme, wie sie wirklich sind: als dynamische, interaktive, komplexe Informationsprozessoren, die ihre eigenen Gedächtnis- und Bewusstseinssysteme sowie ihre eigene innere Weisheit (Gewahrsein) entwickeln. Dieser Ansatz geht davon aus, dass die Systeme sich ständig spontan verändern (eine Sichtweise, die mit der Quantenmechanik übereinstimmt). Außerdem sind es offene Systeme, die im Laufe der Zeit mit allen anderen Systemen in ihrem Umfeld mehr oder weniger interagieren. Das bedeutet auch, dass die Systeme des Körpers ein sich fortwährend entwickelndes Bewusstsein darstellen, welches mit allen Systemen seines Umfelds (Kleidung, anderen lebendigen Systemen, Klima usw.) in ständigem Austausch steht.

Trotz der vorhandenen wissenschaftlichen Erkenntnisse weigert sich die Medizin weiterhin, die Schlussfolgerungen der DST zu berücksichtigen. Allopathische und alternative Medizin versuchen weiterhin, den Körper in seine Einzelteile zu zerlegen, was dazu führt, dass seine Funktionen immer noch anhand dieses allzu einfachen linearen Modells untersucht werden. Die Schulmedizin hat ihre Analyse das Körpers eher auf das begrenzt, was greifbar ist und leicht zerlegt oder unter dem Mikroskop betrachtet werden kann. In der Theorie versucht sie, den Körper als einfache chemische Interaktionen zu verstehen, obwohl die Wissenschaft klar bewiesen hat, dass der Körper nichts als Energie ist, die mit einer Vielzahl anderer Energien im Austausch steht. Der physische, greifbare Aspekt stellt nur einen kleinen Teil eines dynamisch interaktiven Gesamtprozesses dar, der mit sich und seiner Umgebung im Austausch steht.

Die Medizin kann es sich nicht länger leisten, ihre Arbeit auf ein völlig antiquiertes Weltbild zu stützen. Im 21. Jahrhundert muss sie den Mut aufbringen, sich ernsthaft mit dem zu befassen, was Wissenschaftler bereits seit hundert Jahren behaupten. Sie muss akzeptieren, dass die Behandlung der Krankheiten von einer neuen Sichtweise, die auf der Erkenntnis der lebendigen, dynamischen Beziehungen im Körper beruhen würde, auszugehen hat. Sie würde anerkennen, dass alle Beziehungen von einer inneren Weisheit, deren Intelligenz weitaus größer ist als die des modernsten Computers, synchronisiert und koordiniert werden.

Es wäre naiv und kontraproduktiv, den Körper mit Diagnosen und Eingriffen zu behandeln – außer bei Unfällen, durch die der natürliche Heilungsprozess zu stark behindert ist, um sich selbst reparieren zu können. Der Schlüssel wird darin liegen, mit der inneren Weisheit zusammenzuarbeiten und die lebensnotwendigen Beziehungen wiederherzustellen, indem man die entscheidenden Komponenten, deren Kommunikationswege gestört waren, wieder miteinander vernetzt. Die daraus erfolgende Synchronisation der Vorgänge im Körper-Geist ist notwendig, um einen dynamischen Gesundheitszustand wiederherzustellen, der den individuellen Bedürfnissen des jeweiligen Organismus entspricht.

Man kann das mit einem Symphonieorchester vergleichen, in dem es viele verschiedene, korrekt gestimmte Instrumente gibt, die alle eine wundervolle Musik erzeugen können. Wenn da aber kein Dirigent ist, der die Instrumente *aufeinander abstimmt*, gibt es keine Symphonie, sondern nichts als Lärm. Die verschiedenen Körperteile gleichen den Instrumenten in jenem Orchester. Wenn sie von der inneren Weisheit des Körpers synchronisiert werden, erhalten wir eine Symphonie der Gesundheit. Die Gesundheit leidet, wenn die Kommunikationssysteme und Energieverbindungen, die eine optimale Funktionsweise der inneren Weisheit garantieren, behindert sind. An dieser Stelle kommt BodyTalk ins Spiel. Im BodyTalk-System fragen wir den Körper, was er braucht, um all die Kommunikationssysteme wiederherzustellen, die für seine Arbeit nötig sind.

Das Schlüsselelement ist in diesem Fall die Erkenntnis, dass die Behandlung einzelner Körperteile nicht unbedingt die Gesundheit wiederherstellt. Die meisten medizinischen Systeme konzentrieren sich darauf, einzelne Teile oder Systeme zu behandeln – und ich spreche hier nicht nur von der Schulmedizin. Jeder kennt die fragwürdige Regelung, dass ein Klient für sein Herz zu einem Herzspezialisten, für seine Nieren zu einem Nierenspezialisten und für seine Blase zu einem Urologen geschickt wird. Doch keiner der behandelnden Ärzte weiß, was der andere mit demselben Klienten anstellt. Jeder konzentriert sich nur auf sein eigenes Spezialgebiet, übersieht oft die dynamischen Beziehungen zwischen den Organen und vergisst, wie wichtig es ist, ihre Aktivitäten aufeinander abzustimmen.

Ich habe festgestellt, dass die alternative Medizin genau dasselbe tut. Oft werden Klienten von mehreren Therapeuten gleichzeitig behandelt, die ihre Bemühungen nicht aufeinander abstimmen. Obwohl alternative Therapeuten behaupten, einen ganzheitlichen Ansatz zu vertreten, konzentrieren sich die meisten von ihnen immer noch auf einzelne Systeme. Sie behandeln vielleicht die Meridiane, die Chakren, die Wirbelsäule oder die Emotionen, sie verordnen eine Diät für das Verdauungssystem und Ähnliches. Doch das ist nicht wirklich ein ganzheitlicher Ansatz. Ebenso wie der Herzspezialist nur das Herz-Kreislauf-System behandelt, kümmert sich die alternative Medizin auch nur um einzelne Systeme, indem sie nur isolierte Frequenzbereiche innerhalb der KörperGeist-Einheit einer Prüfung unterzieht.

Mit der in diesem Buch vorgestellten, neuen Sichtweise möchte ich dazu anregen, in Zukunft darauf zu achten, das gesamte Spektrum von physischen und energetischen Systemen zu vernetzen und jedes einzelne System als Teil eines Ganzen zu betrachten.

Der Ablauf des BodyTalk-Verfahrens ist darauf abgestimmt, jedes System als abgeschlossenes Ganzes zu würdigen und zugleich eine Verbindung zwischen allen Systemen herzustellen. Damit wird es zu einer Brücke zwischen der physischen und der energetischen Medizin und allem, was dazwischen liegt.

Jede Modalität kann in das gesamte BodyTalk-Schema eingefügt werden, sodass die innere Weisheit des KörperGeistes sofort aus den spezifischen Fachgebieten des jeweiligen Therapeuten Nutzen ziehen kann.

Kapitel 5

Der Ablauf der Heilung

Der wichtigste Gesichtspunkt im Heilungsprozess ist die spezifische Reihenfolge, in welcher der Körper seine Teile und Systeme heilt. (Kap. 1, I. 4.)

Die meisten Therapiesysteme machen sich kaum Gedanken über die richtige Reihenfolge, in der die Anwendung zu erfolgen hat. Wie ich in all den Jahren der Praxisführung, der Schulleitung und des Unterrichts gesehen habe, unterscheiden sich *erstklassige* Therapeuten von den anderen ...

1. durch ihre Entscheidung, *was* genau sie behandeln, und, was noch wichtiger ist,
2. durch das Wissen, in welcher *Reihenfolge* spezifische Störungen behandelt werden müssen.

Die meisten Therapeuten finden es leicht, die Symptome aufzulisten und daraufhin eine Diagnose zu erstellen. Der Schlüssel zu einer guten Balance liegt in dem Wissen, in welcher Reihenfolge die jeweiligen Beschwerden behandelt und die Heilprozesse der Organe, Drüsen und Körperteile angeregt werden müssen. Viele Therapeuten verlassen sich beim Behandlungsverlauf auf ihre eigenen vorgefertigten Meinungen oder auf die festen Vorstellungen, die ihnen in ihrer Ausbildung vermittelt wurden.

Im Zuge meiner Beobachtungen sind mir Akupunkteure aufgefallen, die bei jedem Klienten sofort eine

„schwache Milz“ entdecken, die als Erstes behandelt werden müsse. Diese milz-orientierten Akupunkteure litten meistens selbst unter Milzstörungen. Andere Therapeuten konzentrieren sich in der Erstbalance vielleicht auf den Nierenkomplex, weil sie selbst schwache Nieren haben, und viele Naturheilkundler entdecken bei den meisten Patienten unserer Gesellschaft eine toxisch belastete Leber, die sie dann mit Diäten und Kräutern zu entgiften versuchen. Einige sind auf Fastenkuren fixiert und verschreiben Darmspülungen, um Magen und Darm zu reinigen.

Was die meisten dabei übersehen, ist die Tatsache, dass der Körper am besten reagiert, wenn man alle Beschwerden in der Reihenfolge behandelt, die nötig ist, um ein dynamisches System wiederherzustellen. Häufig will der Körper keine Leberentgiftung, bevor nicht der Dünndarm behandelt worden ist, die Drüsen tonisiert worden sind oder die Funktion der Schilddrüse mit der Hirnanhangdrüse in Einklang gebracht worden ist und so weiter.

Wenn der Therapeut eine Leberreinigung verordnet, die zu diesem Zeitpunkt für den Körper nicht angemessen ist, wird der Patient oft unter einer Verschlimmerung seiner Symptome leiden. Das wird dann gerne als Heilungskrise oder Erstverschlimmerung bezeichnet. Manchmal ist es das auch wirklich, doch häufig ist eine solche Verschlimmerung nur ein Zeichen von Fehlplanung. Der Körper ist nicht bereit die Leber zu reinigen, bevor die restlichen Systeme im Einklang miteinander sind. Falls dieser Ablauf nicht eingehalten wird, reagiert der Körper negativ auf die Leberreinigung. Das wird die Heilung paradoxerweise verzögern oder das gesamte System derart unter Druck setzen, dass Heilung unmöglich wird.

Dieses Konzept gilt für alle Vorsorge- und Heilmethoden. Es wäre zu empfehlen, dass ein Chirurg den

Körper vor der Operation fragt, welche Balance dieser braucht, damit die Operation optimalen Nutzen bringt. Sehr häufig erholt sich der Klient nur langsam, weil das KörperGeist-System insgesamt nicht richtig auf die Operation vorbereitet wurde und ihre Auswirkungen deshalb nicht voll nutzen kann.

Wenn ein Chiropraktiker die Wirbelsäule korrigiert, entstehen oft leichte Verrenkungen (Subluxationen). Der Anwender sollte beachten, dass der Körper viel besser reagiert, wenn die Korrekturen in der richtigen Reihenfolge vorgenommen werden. Manchmal möchte der Körper beispielsweise, dass zuerst das Becken und das Iliosakralgelenk stabilisiert werden. Beim nächsten Mal sind vielleicht die Halswirbel und ein mittlerer Brustwirbel als Erstes an der Reihe. Dann wieder sind ganz andere Methoden zu empfehlen, wie zum Beispiel die Lockerung der Muskelfaszien oder die Verschreibung von Nahrungsergänzungspräparaten.

Ich habe herausgefunden, dass die Reihenfolge, in der ein Klient seine Medikamente einnimmt, von größter Bedeutung sein kann. Mit Hilfe von BodyTalk kann man für jeden Klienten die richtige Reihenfolge, Dosierung und Kombination von Arzneimitteln, Kräutern oder homöopathischen Mitteln feststellen.

Wir dürfen nicht vergessen, dass der Körper ein vollständiges, ganzheitliches und vernetztes System mit Milliarden von Wechselbeziehungen und Verbindungen ist. Da gibt es Verbindungen, die nicht offen zu Tage treten und deren Dynamik weit jenseits unseres Fassungsvermögens liegen kann. Das BodyTalk-System erkennt diese Dynamik an und integriert sie auf folgende Weise:

- Es wird nur ausbalanciert, wenn der Körper es verlangt.
- Die Balancen werden in der Reihenfolge und Anzahl vorgenommen, die der Körper vorgibt.

So kommt ein Klient vielleicht mit Rückenbeschwerden und das BodyTalk-Protokoll zeigt auf, dass der Körper zunächst den Magen, den Psoasmuskel und den Brustkorb ausbalanciert haben will, bevor der Rücken beachtet wird. Vielleicht lässt der Körper es nicht einmal zu, dass der Rücken bei der ersten Konsultation überhaupt balanciert wird. Stattdessen soll sich die vorgenommene Vernetzung erst einmal „setzen", bevor der Rücken an der Reihe ist. Der Körper wird dem Anwender sogar den genauen Termin nennen, an dem der Klient zur nächsten Sitzung kommen soll. Immer wieder habe ich erlebt, dass die Symptome verschwunden waren, obwohl ich die Beschwerden nicht direkt berücksichtigt hatte.

In vielen Fällen befinden sich die Symptome nicht in der Nähe der eigentlichen Krankheitsursache. Die so genannte Krankheit stellt nur die Spitze des Eisbergs dar; sie ist eine Ansammlung von Symptomen, der wir einen eindrucksvollen Namen geben. Die wahre Ursache einer Krankheit besteht normalerweise in einer Kombination verschiedener Faktoren. Hinter den meisten Krankheiten stehen viele verschiedene Ursachen wie Fehlernährung, Stressfaktoren, emotionales Ungleichgewicht, Umweltgifte und physische Verletzungen. Außerdem gibt es eine Vielzahl von Faktoren, deren wir uns normalerweise nicht bewusst sind, wie zum Beispiel Beziehungsprobleme zwischen dem Energiefeld des Klienten und den Energiefeldern anderer Menschen oder Dinge in seinem alltäglichen Umfeld.

Kein Anwender kann je hoffen, die unglaubliche Komplexität all dieser Beziehungen zu verstehen oder ein Patentrezept zu entwickeln, das all diese Faktoren in eine gesunde Übereinstimmung bringen kann. Eine derart anspruchsvolle Aufgabe kann nur die innere Weisheit des Körpers bewältigen. Um wirklich tief und effektiv zu heilen, müssen wir dieses grandiose Werkzeug anerkennen, das sich uns zur Verfügung stellt. Wir müssen auf es hören und seinen Weisungen folgen.

Ich bin davon überzeugt, dass dieses Konzept der Körperbalance eine der wichtigsten Entdeckungen für die moderne Gesundheitspflege darstellt. Das Body-Talk-System wird sich zum Vorreiter für das Gesundheitswesen des neuen Millenniums entwickeln.

Kapitel 6

Die innere Weisheit respektieren

Je mehr wir die innere Weisheit des Körpers respektieren, desto besser leitet sie uns an und desto stärker wird sie. (Kap. 1, I. 5.)

Ich benutze den Ausdruck „innere Weisheit", weil er vermutlich die wenigsten Assoziationen hervorruft. Je nach kulturellem oder akademischem Hintergrund könnte man sie auch als das höhere Selbst, den Zeugen, den Ursprung, die innere Intelligenz, das Gewahrsein oder Ähnliches bezeichnen. Was ich tatsächlich damit meine, ist das innere Bewusstsein in unserem Körper, das wir jeden Tag beobachten können. Es ist die Kraft, die den Organismus in Gang hält, ihn harmonisiert und versucht, einen gesunden Zustand herzustellen. Im weiteren Verlauf dieses Buches werde ich diese Kraft auch als einen *Zustand von Gewahrsein* bezeichnen. Ich werde jetzt zeigen, dass dieser Zustand anscheinend im Herzzentrum, mitten in der Brust, zuhause ist.

Wir sagen, dass manche Menschen bewusster sind als andere. Sie besitzen die angeborene Gabe, ihrer Intuition mehr zu vertrauen, schneller gesund zu werden und intuitiv zu wissen, was für ihren Körper das Beste ist. Alle anderen, die anscheinend kein so gut entwickeltes Gewahrsein besitzen, kommen häufig aus Verhältnissen, in denen diese innere Kommunikation mit dem Körper nicht gefördert wurde. Das ist eine traurige Entwicklung, und es ist schade, dass so viele Menschen den Kontakt zu einem zentralen Teil ihrer selbst verloren haben.

Mir ist aufgefallen, dass sich das Gewahrsein eines Klienten, der mehrfach mit BodyTalk balanciert wird, rapide verstärkt. Wenn seine innere Weisheit direkt befragt wird, wie das im BodyTalk-System der Fall ist, neigt das Gewahrsein dazu, sich diese Gelegenheit zu Nutze zu machen und die nötigen Informationen zu liefern. Irgendwann verhilft die Harmonisierung des Organismus mit BodyTalk dem Klienten wieder zu einem normalen Bewusstseinszustand und macht ihn außerdem empfänglicher für zukünftige Balancen mit BodyTalk. Auf jener tiefen Ebene scheint der Körper die Sprache der Kommunikation zu lernen. Das befähigt ihn, komplexere Verbindungen für die Heilung herzustellen und die Gesamtheit der Körperfunktionen schneller auszugleichen.

Eine BodyTalk-Sitzung hat sehr häufig die Nebenwirkung, dass die Klienten ein gesteigertes Wohlbefinden verspüren und zu größerer Harmonie mit Körper und Geist gelangen. Dieses Wohlbefinden ist zwar seinem Wesen nach subjektiv, für den Klienten jedoch sehr real. Wenn er beginnt, eine solche harmonische Beziehung mit seinem Körper zu erleben, wird es der inneren Weisheit immer besser gelingen, auch in Zukunft optimale Gesundheit aufrechtzuerhalten.

Mir ist aufgefallen, dass Klienten, die ich ein Jahr zuvor balanciert hatte und die wegen anderer Beschwerden erneut zu mir kamen, beim zweiten Mal viel schneller reagierten. Die ersten Sitzungen mit BodyTalk hatten eine Beziehung zum Gewahrsein aufgebaut, die auch ein Jahr danach noch bestand.

Kapitel 7

Die Prinzipien der Balance

Die Kommunikation: Den Körper fragen (Biofeedback)

Der Körper kann über Muskel-Biofeedback gefragt werden, was nicht in Ordnung ist. (Kap. 1, II. 1.)

Wenn wir eine Kommunikationstechnik benutzen, die auf *Ja/Nein* basiert, brauchen wir nur noch ein Verfahren zu erlernen, das den gesamten KörperGeist systematisch untersucht. Dann kann er uns seine Bedürfnisse mitteilen.

Es gibt viele verschiedene Möglichkeiten, Biofeedback vom Körper zu erhalten. Im BodyTalk-System tun wir das hauptsächlich mit Muskeltests. Haben wir gerade erst gelernt, wie man Muskeln testet, dann orientieren wir uns zunächst daran, wie sich die Stärke der Muskeln verändert. Später arbeiten wir nicht mehr mit der Muskelstärke, sondern trainieren den Klienten, alle Fragen mit Ja oder Nein zu beantworten (schwacher Muskel = ja, starker Muskel = nein).

Die Stärke unserer Muskeln ist von vielen Faktoren abhängig. Wir bemerken, dass wir an manchen Tagen stärker sind als an anderen, und uns ist bewusst, dass unsere Stimmungen und emotionalen Zustände sich sehr stark auf unsere Muskelstärke auswirken können. An den Muskeln können wir eine Menge über unseren Gesundheitszustand ablesen.

Die *Applied Kinesiology* hat uns Folgendes gelehrt: Wenn wir irgendeinen Muskel im Körper testen und den Körper dann auf irgendeine Weise „herausfordern", so wird dieser Muskel beim zweiten Test eine Zeit lang schwächer sein. Diese Veränderung dauert nur eine kurze Weile an.

Das BodyTalk-System macht sich dieses Phänomen zu Nutze. Wenn wir bestimmte Triggerpunkte am Körper berühren und fragen, ob es ein Problem gibt, wird der Körper *ja* sagen, indem er den Muskel schwach erscheinen lässt. Dafür kann man jeden Muskel des Körpers benutzen. Normalerweise nehmen wir den Deltamuskel (an der Schulter), weil er einfach zu testen ist und nicht so leicht ermüdet.

Nachdem wir die Triggerpunkte mit einer spezifischen BodyTalk-Balance vernetzt haben, fragen wir noch einmal, ob es ein Problem gibt. Der Körper wird jetzt stark bleiben, was *nein* bedeutet. Dieses Testverfahren ist gut, aber nicht unfehlbar. Es gibt einen gewissen subjektiven Anteil, der durch Erfahrung und Training geschärft werden muss.

Der Hauptfaktor für ein gutes Ergebnis ist der besondere „Zustand von Gewahrsein", von dem weiter oben die Rede war. Das bezieht sich sowohl auf den Klienten, als auch auf den Anwender. Ein Klient, der bereits bewusst beziehungsweise „gewahr" ist, lernt schnell und zuverlässig zu reagieren. Ist der Klient dagegen „unbewusst", braucht er eine oder zwei Balancen, um ebenso zuverlässig zu reagieren. Zum Glück ist das kein Problem. Die ersten Techniken sind so angelegt, dass ihre Wirkung auf den Körper immer, wenn bei der Kommunikation ein Problem angezeigt wird, so stark ist, dass der Muskel für einige Sekunden einfach schwach wird. Auch hier bedeutet Schwäche also *ein Ja*. Das subtilere *Ja/Nein*-Verfahren ist erst zu dem Zeitpunkt erforderlich, da wir anfangen, differenziertere und tiefer gehende Fragen zu stellen.

Auf der anderen Seite der „Gewahrseins-Gleichung"

befindet sich der BodyTalk-Anwender. Ich betone all meinen Studenten gegenüber, wie wichtig es ist, ihr Gewahrsein zu entwickeln, damit sie den Klienten wirklich zuhören können. Dafür ist es notwendig, dass sie selbst balanciert werden, um die eigene Sensibilität zu schulen, und sich darum bemühen, ihren Geist von festen Vorstellungen zu befreien. Dabei kann es sich um vorgefertigte Meinungen über die Balance oder die Diagnose handeln; um unser Bedürfnis, die Dinge zu analysieren oder zu benennen, damit wir die Sitzung nach unserer Vorstellung durchführen, anstatt auf die innere Weisheit des Klienten einzugehen, und um die Tendenz, schon vor der Frage eine bestimmte Antwort zu erwarten (was zu unsicheren Reaktionen führt).

Zwar sind Muskeltests keine perfekte Technik, doch sind sie die bevorzugte Kommunikationsmethode des BodyTalk. Denn sie sind einfach durchzuführen und wir bekommen sofort Feedback und Bestätigung. Ihre Vorteile übertreffen ihre Nachteile bei weitem.

Die Kunst der Kommunikation

Wenn Sie die Kunst des Muskel-Biofeedbacks erlernen, sind folgende Leitlinien zu beachten.

Die Kommunikation ist vom Klienten abhängig. Bei jedem Klienten fallen die Ergebnisse anders aus. Einige Menschen sind zu Beginn wegen ihrer Krankheit ziemlich schwach. Denken Sie daran, zuerst zu testen und dann den relativen Schwächegrad einzuschätzen. Das *Nein* kann sich wie ein schwacher Muskel anfühlen und das *Ja* sogar noch schwächer.

Bei starken Menschen kann sich die Kraft um zwanzig Prozent reduzieren, wenn ein Triggerpunkt getestet wird. Diese Verminderung spüren Sie vielleicht gar nicht, weil sich auch achtzig Prozent Kraft noch stark anfühlen. Es ist deshalb besser, sich beim Testen nicht auf die Muskelstärke als solche zu konzentrieren. Versuchen Sie, ein Feingefühl für die Länge der Zeitspanne bis zur Muskelanspannung, die „Nachgiebigkeit" des Muskels zu entwickeln.

Ein kräftiger, gesunder Muskel fühlt sich „fest" an, wenn er sanft getestet wird. Wichtig ist, den Patienten zu bitten, die gegenwärtige Position zu halten und nicht wegzudrücken oder wegzuziehen. Bei einem „schwachen" Test ist die „Zeit bis zur Muskelanspannung" länger; das ist gleichzusetzen mit einer leichten „Nachgiebigkeit" für eine kleine Strecke, bevor die natürliche Kraft des Muskels wieder übernimmt. Das ist es, was wir suchen. Selbst der kräftigste Mensch „gibt nach" oder „wackelt", und er antwortet mit einem *Ja,* wenn er gefragt wird. Ich teste den Muskel am liebsten, wenn der Arm neben dem Körper liegt. Dann bitte ich den Klienten, den Arm am Körper zu halten, während ich versuche, ihn vom Körper wegzuziehen. Der Arm des Klienten sollte dabei gestreckt sein, sodass die Schultermuskeln beansprucht werden. Dann ist der Klient nicht versucht, den Arm zu beugen und eine andere Muskelgruppe ins Spiel zu bringen.

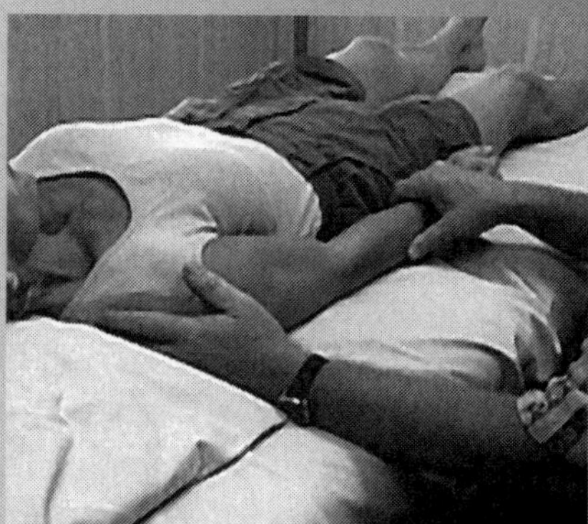

Muskel testen – Antwort „nein"

Jetzt geht es darum, dem inneren Gewahrsein des Klienten über das Gehirn beizubringen, mit *Ja* oder *Nein* zu antworten. An dieser Stelle spiele ich gerne ein wenig Theater, um dem Klienten beim Konzentrieren zu helfen. Ich berühre seinen Kopf mit einem leichten Tippen und sage: „Halten, geben Sie mir ein *Nein*." Dabei ziehe ich sanft am Arm, sodass er seitlich angelegt bleibt.

Darauf berühre ich den Kopf mit zweifachem leichtem Tippen und sage: „Halten, geben Sie mir ein *Ja*." Dabei ziehe ich stärker, sodass der Arm sich vom Körper entfernt.

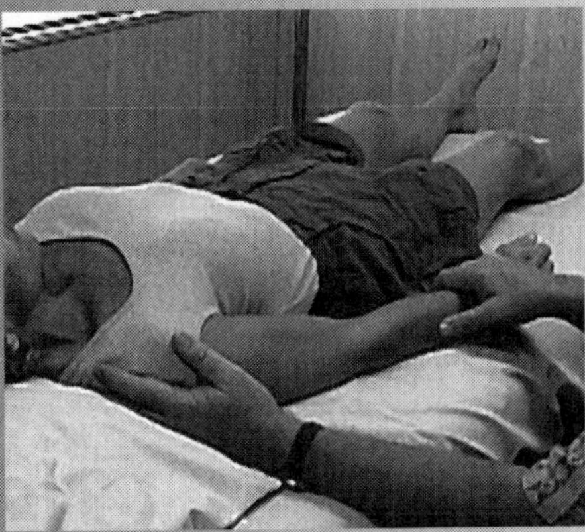

Muskel testen – Antwort „ja"

Die Ergebnisse sind bei dieser Vorgehensweise natürlich manipuliert, damit das Gehirn erfährt, was wir von ihm wollen.

Nach einigen Probeläufen wird der Arm auch dann fest bleiben (relativ gesehen zur Kraft des Klienten), wenn Sie fest ziehen und sagen: „Halten, geben Sie mir ein *Nein*." Wenn Sie dann sagen: „Halten, geben Sie mir ein *Ja*", wird der Arm des Klienten schwach werden, obwohl Sie genauso stark ziehen wie bei der Frage nach dem Nein. Das wird den Klienten sehr wahrscheinlich genauso beeindrucken wie Sie – bis Sie sich daran gewöhnen, dass der Körper bereit ist, mit Ihnen zu kommunizieren.

Nun haben Sie den Klienten „trainiert", und die Kommunikation mit der inneren Weisheit kann beginnen. Stellen Sie immer Fragen, die entweder mit *Ja* oder mit *Nein* beantwortet werden können. Dadurch eröffnen sich dem Anwender völlig neue Möglichkeiten, um den KörperGeist zu untersuchen und die Fähigkeit zu erweitern, die Sitzung den Umständen optimal anzupassen.

Vernetzen: Die Kommunikation wiederherstellen

Vernetzungen sind der Schlüssel zu diesem neuen Paradigma in der Gesundheitspflege. Der Anwender fragt den Körper, welche Teile in welcher Reihenfolge vernetzt werden sollen, um die Kommunikation wiederherzustellen und die Heilung zu unterstützen. (Kap. 1, II. 2.)

Das Vernetzen geschieht in folgenden Schritten:

• Der Körperteil, der angezeigt hat, dass er balanciert werden muss (zum Beispiel die Leber), wird lokalisiert. Man findet ihn, indem man das BodyTalk-Protokoll aus dem nächsten Kapitel systematisch durcharbeitet. Zum Beispiel könnte man beim Organsystem fragen, ob Organe Priorität haben.

Bei einem *Ja* wird jedes Organ einzeln nach Priorität befragt: Lunge? *Nein*. Leber? *Nein*. Herz? *Ja*. Während der Anwender den Namen des Organs laut ausspricht, denkt er: „Hat das Priorität?"

• Nun wollen wir wissen, womit wir die Leber vernetzen sollen. Dabei beginnt man normalerweise innerhalb desselben Systems. Wir werden also fragen: „Mit einem Organ vernetzen?" *Ja*. Dann legen wir die Hand des Klienten auf die Leber und berühren jedes Organ noch einmal, um die Vernetzung zu finden. Herz? *Nein.* Lunge? *Nein.* Magen? *Nein.* Bauchspeicheldrüse? *Ja.* Wir haben einen Vernetzungspartner gefunden!

• Der Klient berührt den Bereich über der Leber. Der Anwender berührt mit der einen Hand den Reflexpunkt für die Bauchspeicheldrüse, während er mit der anderen auf Kopf und Brustbein tippt. (Vgl. nächsten Absatz)

• Der Klient wird noch einmal gefragt: „Hat die Vernetzung Herz-Dünndarm noch Priorität?" *Nein.* Dann ist die Verbindung wiederhergestellt.

Dieser Vorgang wird mit unterschiedlichen Variationen für alle Systeme durchgeführt. Oft erfolgen die Vernetzungen nicht innerhalb desselben Systems, sondern mit einem anderen Körperbereich. So kann die Leber zum Beispiel mit den Nebennieren oder mit dem Uterus vernetzt werden.

Tippen auf Kopf und Brustbein

Das Tippen auf Kopf (Gehirn) und Brustbein (Herz) unterstützt den Vernetzungsvorgang und speichert ihn. (Kap. 1, II. 3.)

Dieser Vorgang stellt die wichtigste Entwicklung des BodyTalk-Systems dar. Es geht dabei um eine Technik, die in traditionellen ganzheitlichen Systemen wie dem Yoga seit Jahrhunderten benutzt wird. Sie schien nur begrenzten Nutzen zu haben, da sie von den westlichen Kulturen nicht verstanden wurde. Sie wird nach wie vor nicht vollständig verstanden, aber es konnte in der Praxis gezeigt werden, dass sie weit gestreute Anwendungsmöglichkeiten in allen Gesundheitssystemen hat.

Das leichte Tippen auf der Schädeldecke scheint die Gehirnzentren dazu anzuregen, den Gesundheitszustand im KörperGeist in Bezug auf die ermittelten Vernetzungspunkte bewusst neu zu beurteilen. Das bloße Tippen auf der Schädeldecke ruft keine besondere Wirkung hervor. Wird aber getippt, während die Körperteile vernetzt werden (die uns die innere Weisheit aufgezeigt hat), so geschieht eine ganze Menge.

Die „kranke" Vernetzung wird sofort korrigiert. (Bei der Wiederholung mit der Frage: „Hat das Priorität?", ist die Antwort *nein*.) Der Rest des Körpers stellt sich nun auf diese Korrektur ein; eine Kettenreaktion wird eingeleitet, um die Balance herzustellen und das Gesamtsystem zu reparieren. Diese Reparatur ist ganzheitlich, denn der KörperGeist scheint *alle* mit dieser Krankheit assoziierten Faktoren zu korrigieren. So wird bei Rückenbeschwerden beispielsweise, die eine emotionale Komponente (z.B. Angst vor emotionaler Belastung) haben, der emotionale Anteil balanciert und die Gewebe der Rückenwirbel werden repariert. Der Patient verliert so auch die Angst.

Beim Herausfiltern der Vernetzungspunkte und Tippen auf dem Kopf scheinen wir im Wesentlichen das Gehirn anzuregen, die Balance in diesem Bereich wiederherzustellen. Beim Tippen auf dem Brustbein wird das Herz dazu angeregt, diesen neuen Harmoniezustand zu speichern und zu verarbeiten (synthetisieren).

Tippen auf dem Kopf (Gehirn)

Das Tippen ist sehr sanft, der Schädel wird kaum berührt. Es hat den Anschein, dass die Wirkung nicht mechanisch ist, das heißt, durch das körperliche Tippen hervorgerufen wird. Es sieht eher wie eine energetische Wirkung aus: Eine kinetische Energie, nämlich die Fingerbewegung, verursacht eine Wechselwirkung mit einem anderen Energiefeld, den Gehirnwellen.

Es ist besonders wichtig, darauf zu achten, dass die Finger weit gespreizt sind, damit beide Gehirnhälften eine „Einwirkung“ erfahren. Jede Kopfseite muss von mindestens einem Finger berührt werden. Zuerst wird für die Dauer von zwei Atemzügen getippt, wobei man zwischen dem Kopf und dem Herzzentrum hin- und her wechselt (s. nächster Abschnitt). Nachdem Sie eine gewisse Anzahl von Klienten balanciert haben, werden Sie die Veränderungen und die „Energieverlagerung“ spüren, die eine Korrektur anzeigen. Dann brauchen Sie nur noch so lange zu tippen, bis die Korrektur eingetreten ist. Das kann von einer Sekunde bis zu einer halben Minute dauern.

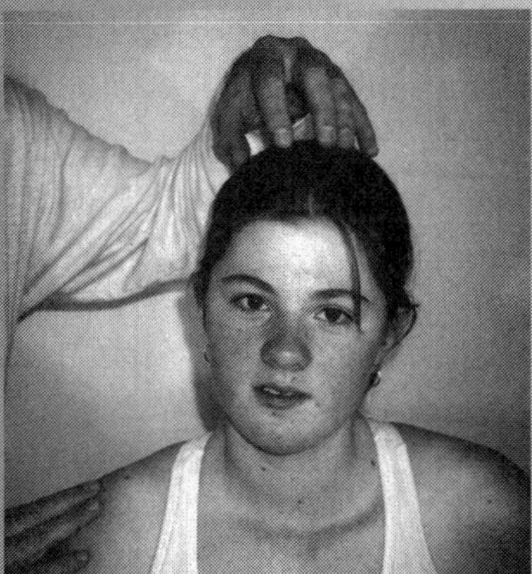

Tippen auf dem Kopf

Es ist schwierig zu erklären, wie sich diese Energieverlagerung anfühlt, weil es so subjektiv ist. Für mich fühlt es sich an, als ob sich eine Spannung aufbaut – ähnlich wie beim Anstieg des Luftdrucks vor einem heftigen Sturm. Das kann ich lokal am Kopf des Klienten und auch um meine tippende Hand herum spüren, und manchmal merke ich, wie die Spannung in meinem ganzen Körper zunimmt. Die Energieverlagerung entspricht der Auflösung dieser Spannung, dem Gefühl der Erleichterung nach dem Sturm.

Jeder BodyTalk-Anwender braucht eine Weile, um diese Sensibilität zu entwickeln. Zum Glück ist sie keine Vorbedingung für gute Resultate. Sie brauchen einfach nur ein paar Atemzüge lang zu tippen und das Ergebnis stellt sich von selbst ein.

Tippen auf dem Brustbein (Herz)

Das Tippen auf dem Brustbein scheint energetisch mit dem Herz und dem Herzzentrum in Verbindung zu stehen. Diese Technik bezieht sich spezifisch auf den energetischen Herzbereich. Es gibt Anhaltspunkte, dass das Herz, zusätzlich zu seiner Rolle als Blutpumpe, eine signifikante Rolle bei der Energieverteilung im Körper spielt und Energiemuster und Informationen in jede Zelle des Körpers „pumpt".

Es ist bekannt, dass die vom Herzen erzeugte elektrische Ladung, die im EKG angezeigt wird, auf Grund der Volumenleitung an jeder Körperstelle gemessen werden kann. Dieser physikalische Mechanismus ist unumstritten. Die Informationsleitung vom Herzen zum restlichen System wird dadurch bestätigt, dass der arterielle Puls im gesamten Körper gespürt werden kann.

Im BodyTalk werden die „Pulse" ebenso wie in der chinesischen Medizin getastet (allerdings auf verschiedene Weise), um Informationen über den Körper „abzulesen". Der Pumpmechanismus des Herzens aktiviert Energiewellen, die das dynamische Energiegedächtnis aller Körpersysteme tragen. Wenn der Anwender seinen Finger auf den arteriellen Puls legt, bildet sich ein Interferenzknoten, der all diese Informationen enthält

– sofern der Anwender ein System beherrscht, um sie zu interpretieren. Werden diese Informationen (wie im BodyTalk) wieder mit dem Gehirn und dem Herzen vernetzt, können die Erinnerungssysteme verändert und etwaige Abnormitäten korrigiert werden.

In der traditionellen chinesischen Medizin und in der bioenergetischen Psychologie gilt das Herz als Zentralregler und Organisator der Körperenergien. Es spiegelt in dauerhafter und dynamischer Form den jeweiligen Körperzustand. Das entspricht dem Konzept eines kollektiven, dynamischen, interaktiven und historischen Gedächtnisses oder Bewusstseins. Außerdem scheint es, dass man nur das Gedächtnis (Datenspeicher) zu verändern braucht, um die Gesundheit und das dynamische Bewusstsein der gesamten KörperGeist-Einheit zu modifizieren.

Der englische Ausdruck für „etwas auswendig wissen“ – *to know by heart* – zeigt, dass die Menschen ein inneres Wissen von der Dynamik des KörperGeistes besitzen. Alle Zellen speichern Informationen. Auf Grund seiner zentralen Lage und seiner vielfältigen Verbindungen ist das Herz eng und dynamisch mit allen Zellen und Organen verbunden.

Auf dem Hintergrund dieser Informationen sollte einmal über Herztransplantationen nachgedacht werden. Man könnte aus obiger Beschreibung schließen, dass der Herzempfänger einige historische Anteile des Spenders erhält, die dieser verarbeitet und gespeichert hatte. Der Körper des Empfängers hat zuvor seine eigene zentrale, dynamische Energie- und Speicherstation verloren. Diese wurden durch fremde Muster ersetzt, die den im Körper des Empfängers gespeicherten Mustern nicht entsprechen. Ob es sich dabei nun um kranke (den Grund für die Transplantation) oder gesunde Muster handelt – es handelt sich immer noch um die bestehenden Denkmuster des individuellen Spender-Ichs.

Aus dieser Sicht ergäben viele der chemischen oder immunologischen Probleme der Organabstoßung mehr Sinn, wenn sie als interaktive Kämpfe von in den Zellen gespeichertem Wissen angesehen würden, welche die chemische Abstoßung hervorrufen.

Es gibt zunehmend Beweise für die Gültigkeit dieser Übertragung von Erinnerungsdaten, wie zum Beispiel im Fall von Claire Sylvia, einer ehemaligen Tänzerin. In ihrem Buch *A Change of Heart* berichtet sie, wie sich ihr Leben nach einer Herz-Lungen-Transplantation auf seltsame Weise veränderte. Als sie zum Beispiel sechs Wochen nach der Operation wieder Auto fahren durfte, steuerte sie direkt zur nächsten Filiale von *Kentucky Fried Chicken*, zu einem Ort, an dem sie nie zuvor gewesen war. Dort bestellte diese schlanke, durchtrainierte Tänzerin gebratene *Chicken Nuggets*! Später fand sie heraus, dass *Chicken Nuggets* das Lieblingsessen des Achtzehnjährigen waren, dessen Herz und Lunge sie jetzt in sich trug. Nach seinem Tod hatte man eine Tüte mit *Chicken Nuggets* in der Innentasche seiner Lederjacke gefunden.

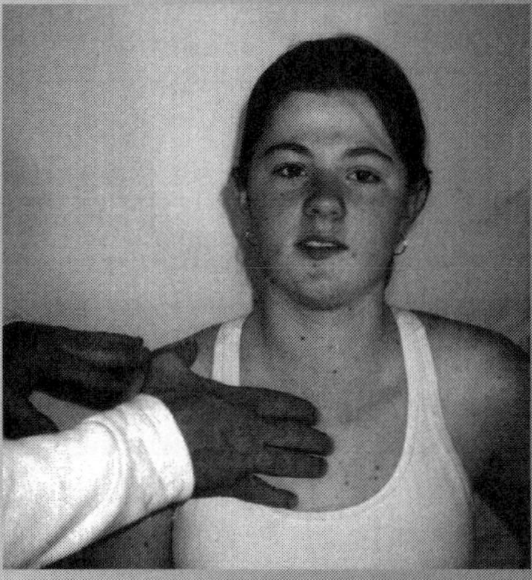

Tippen auf dem Brustbein

Das Tippen auf dem Brustbein unterstützt den KörperGeist bei der Überlagerung des „Istzustands"durch den „Sollzustand". Dadurch wird sichergestellt, dass die Korrektur von Dauer ist. Es wird angenommen, dass durch das Tippen dynamische, kinetische Energie in die im Herzzentrum (das Herz-Chakra eingeschlossen) ruhende statische Erinnerung eingespeist wird und somit der KörperGeist nach der Korrektur ein neues Erinnerungsmuster aufbaut. Wichtig ist, dass zuvor das System durch das Tippen auf den Kopf mit gleichzeitigem Halten der Vernetzungspunkte korrigiert wurde.

Getippt wird sanft auf dem Brustbein. Vor kurzem habe ich festgestellt, dass es sich anbietet, etwas linksseitig vom Brustbein über dem eigentlichen Herzen zu tippen. Das ist auf Grund der möglichen Berührung des Busens aber nicht in allen Kulturkreisen möglich.

Zusammenfassung:

- Das Tippen auf dem Kopf repariert die Vernetzung.
- Das Tippen auf dem Brustbein speichert die Veränderungen und macht sie dauerhaft.

Vertieftes Atmen

Oft wird während der Balance vertiefte Atmung eingesetzt, um dem Körper zu helfen, die notwendigen Vernetzungen ausfindig zu machen und die Korrekturen auszuführen. (Kap. 1, II. 4.)

Im Hatha-Yoga wird gesagt, dass ein Mensch, der perfekt atmet, vollkommen gesund ist. Auch im BodyTalk-System sind wir der Meinung, dass der volle Atemzyklus von großer Bedeutung ist, und nutzen ihn sowohl in den Balancen als auch um sicherzustellen, dass der Effekt der Balance von Dauer ist.

Der Atemzyklus hat viele verschiedene Funktionen. In der Physiologie des Menschen sind die meisten von ihnen bekannt und werden hier nicht weiter erläutert. Unser Interesse gilt einigen weniger bekannten, aber lebenswichtigen, Funktionen des Atemzyklus, die hier erläutert seien.

Der Atemzyklus ist eine unserer wichtigsten Energiepumpen.

In der Lunge sammelt sich Energie aus der Atemluft und Nahrungsenergie, die aus dem Verdauungssystem aufsteigt (nach Auffassung der traditionellen chinesischen Medizin). Diese Energie wird über den Lungenmeridian, der in der Lunge beginnt, durch das gesamte Meridiansystem gepumpt. Je kraftvoller unser Atemzyklus, desto kraftvoller ist der Energiefluss durch die Meridiane.

Der gesamte Körper bewegt sich mit unserem Atemzyklus.

Wenn wir ein- und ausatmen, bewegt sich unser gesamter Körper in Übereinstimmung mit der Atembewegung. Die Muskeln entspannen und kontrahieren sich, um das Blut zurück zum Herzen und die Lymphflüssigkeit (unser Entwässerungssystem) durch den Körper zu pumpen.

Unsere Schädelknochen machen Mikrobewegungen, welche den Druck innerhalb des Schädels verändern und die zerebrospinale Flüssigkeit (den Liquor) zirkulieren lassen. Dadurch wird das Nervensystem kontinuierlich von dieser Flüssigkeit umspült, was für seine Funktion unerlässlich ist.

In der Wirbelsäule bewegt sich jeder Wirbel synchron mit dem Atemzyklus und sorgt damit für die gesunde und ungestörte Funktion von Rückgrat und Rückenmark.

Wenn unsere Lungen atmen, atmet auch die Haut aus und ein. Ein Großteil der Luftaufnahme geschieht durch die Haut und nicht durch die Lungen!

Der Atemzyklus beeinflusst den Herzschlag.
Schon seit langem haben uns die Yogis demonstriert, dass man den Herzschlag beeinflussen kann, indem man seinen Atem kontrolliert. Für BodyTalk ist diese Beziehung von großer Wichtigkeit, weil wir sie nutzen, um mit der Balance anhaltende Veränderungen zu erzielen. Das erreichen wir, indem wir die vorgenommenen Veränderungen im Energiesystem des Herzens verankern.

Das Gehirn benutzt den Atemzyklus, um den Körper zu scannen.
Dies ist ein weiteres Yoga-Prinzip mit großer Bedeutung für BodyTalk. Jedes Mal, wenn wir ein- oder ausatmen, scannt das Gehirn alle Frequenzen im Körper. Wenn wir ausatmen, werden die Frequenzen von der höchsten bis zur niedrigsten gescannt. Beim Einatmen geschieht dies in umgekehrter Richtung. Die moderne Physik hat uns gelehrt, den Körper letztendlich nur als ein Bündel unterschiedlichster Frequenzen zu sehen. Je langsamer die

Schwingung, umso dichter die Teile. Die Knochen stellen beispielsweise die langsameren Frequenzen im Körper dar, das Blut schwingt etwas schneller, die Meridianenergie noch schneller. Emotionen und Gedanken gehören zu den höchsten Frequenzen innerhalb der KörperGeist-Einheit.

Jede dieser Frequenzen schwingt innerhalb von Energiesystemen, die den KörperGeist „zusammenhalten". Da gibt es Systeme in Systemen in Systemen. Jedes dieser Systeme befindet sich in dynamischer Beziehung mit allen anderen Systemen innerhalb und auch außerhalb des KörperGeistes. Sobald eines dieser Systeme versagt, entsteht Disharmonie, besonders in den spezifischen Schwingungen, die mit diesem System in Zusammenhang stehen.

Während eines jeden Atemzuges scannt unser Gehirn alle Systeme, um zu prüfen, ob es Funktionsstörungen gibt. Wie gut das gelingt, hängt davon ab, wie gesund unser Atemzyklus ist.

Wenn unser Atemzyklus eingeschränkt ist, können unsere Herz- und Gehirnenergien unseren Gesundheitszustand nicht genau einschätzen und werden Fehler machen. Solange das Gehirn nicht weiß, was gestört ist, kann es auch nichts in Ordnung bringen!

Beispiele

Ausatmen – der Akt des Loslassens

Krankheiten in den niedrigen Frequenzbereichen sind meistens chronische, degenerative Knochen- oder Muskelerkrankungen wie Arthritis. Beobachtungen aus der Praxis haben gezeigt, dass Menschen, die auf Grund von Arthritis unter chronischen Schmerzen leiden, fast nie ganz ausatmen. Wenn sie es versuchen, treten plötzlich Schmerzen auf. Also atmen sie flach, um diese Unannehmlichkeit zu umgehen.

Psychologisch gesehen sind Arthritispatienten Menschen, die sich ihr Leben lang selbst antreiben und die in ihren Auffassungen darüber, was das Leben ist und wie es gelebt werden sollte, in rigiden Glaubenssystemen fixiert sind. Ein starrer Geist führt zu einem starren Körper. „Getriebene“ Menschen erlauben sich nur selten, ganz „loszulassen“. Eine volle Ausatmung ist typisch für die Fähigkeit, sich dem Leben ganz hinzugeben. Wenn Sie Ihr Leben im Stress verbringen, atmet der Körper nicht mehr voll aus und das Gehirn kann jene niedrigen Frequenzen nicht mehr scannen. Wenn wir dann – aus welchem Grund auch immer – Arthritis entwickeln, wird unser Gehirn die Dysbalance nicht voll registrieren. Stattdessen werden die Degenerationsvorgänge weiter fortschreiten, ohne dass es sich einschaltet.

Einatmen – mit dem Leben in Berührung kommen

Wenn wir einatmen, begeben wir uns in die höheren Frequenzbereiche des Denkens und der Emotionen. Menschen, die nicht vollständig einatmen, erlauben sich nur eine begrenzte Interaktion mit ihren emotionalen und mentalen Vorgängen. Ein emotional „gestörter“ Mensch wird nicht ganz einatmen, weil er im Innersten weiß, dass ihn das plötzlich in Kontakt mit seinen tiefen Gefühlen bringen wird. Das führt schließlich dazu, dass das Gehirn den emotionalen oder mentalen Zustand nicht mehr erkennt und sich Störungen entwickeln können, die vom Gehirn weder gestoppt noch korrigiert werden.

Bei einer BodyTalk-Balance bitten wir die Klienten oft, tief ein- und auszuatmen, um sicherzustellen, dass das Gehirn ganz und gar mit dem Problem in Berührung kommt, auf das wir mit unseren Methoden abzielen.

Erlaubnis

Versteckter Widerstand

Im BodyTalk befragen wir die innere Weisheit, um bei der Balance unserer Klienten Führung zu erhalten. Die tatsächliche Balance wird allerdings von den verschiedenen Körperbereichen und den sie steuernden Bewusstseinszuständen hergestellt.

Die KörperGeist-Einheit besteht einfach aus bestimmten Frequenzen, die in verschiedenen „Bewusstseinsgruppen" zusammengebündelt sind. An dieser Stelle interessieren uns die drei wichtigsten Frequenzgruppen, aus denen der KörperGeist besteht:

Körper
niedriger Frequenzbereich
Geist
mittlerer Frequenzbereich
Seele
höherer Frequenzbereich, der sich auf alle spirituellen Aspekte bezieht

Und den Geist teilen wir am besten noch einmal in:

Bewusstsein
alles, was wir uns vorstellen können
Unbewusstes
alles, was jenseits der bewussten Denkprozesse liegt

Hieraus ergeben sich vier Unterteilungen für den KörperGeist:

Körper
Bewusstsein
Unbewusstes
Seele

Jede diese Unterteilungen kann als ein Bewusstseinszustand betrachtet werden, der von seinem eigenen separaten „Ich-Zustand" kontrolliert wird. Jeder dieser „Ich-Zustände" steht in Beziehung zur gesamten Körper-Geist-Einheit, hat aber zugleich die „lokale" Autorität.

Viele Anwender glauben, dass ein Mensch, der einer Balance zugestimmt hat, damit bereits auch die Erlaubnis für dieses Verfahren erteilt hat. In BodyTalk haben wir erlebt, dass das oft nur auf bestimmte Ebenen zutrifft. So können zum Beispiel Geist und Seele des Körpers bereit sein, balanciert zu werden, der Körper aber nicht. Ist das der Fall, wird der Klient auf der physischen Ebene kaum ansprechen, was langfristige Ergebnisse bremst oder manchmal sogar verhindert.

Das betrifft alle Heilungssysteme und kann sogar dann zu schlechten Resultaten führen, wenn das System zum Zeitpunkt der Balance zu funktionieren scheint. Wenn der Chirurg zum Beispiel vom „Körper-Ich" des Klienten keine Erlaubnis erhalten hat, wird der Körper vielleicht ungünstig auf die Operation reagieren und es können unerwartete Komplikationen auftreten. Andererseits wird die Balance bei jemandem, der auf der emotionalen Ebene vernetzt wird und dessen Unbewusstes nicht um Erlaubnis gefragt wurde, keine bleibenden Resultate zeigen oder zu Gegenreaktionen und Komplikationen führen.

Kurz gesagt: Sie müssen den Körper bei jeder der vier Ebenen von „Ich-Bewusstsein" um Erlaubnis bitten, bevor Sie mit einer BodyTalk-Balance oder einer anderen Methode fortfahren. Ich habe festgestellt, dass die Resultate sich dann deutlich verbessern.

Janine

Bei Janine waren verschiedene Probleme wie Stress, Eierstockzysten und emotionale Schwierigkeiten mit ihrem Mann mit BodyTalk balanciert worden.

Zu Beginn reagierte sie sehr gut auf die BodyTalk-Balancen. Sie war entspannter, emotional ausgeglichener, kam besser mit ihrem Mann zurecht, schlief besser und wachte energiegeladen auf. Doch ihre Eierstockzysten hatten auf die Balance nicht angesprochen. Sie hatte immer noch starke Schmerzen während des Eisprungs und die Eierstöcke waren sehr berührungsempfindlich. Während der Balancen ergaben sich kaum Vernetzungen zu den Eierstöcken. Sie schienen keine hohe Priorität zu haben.

Als mir klar wurde, wie wichtig es ist, um Erlaubnis zu fragen, bat ich jedes „Ich" um die Erlaubnis, balancieren zu dürfen. Das Bewusstsein, das Unbewusste und die Seele erteilten mir die Erlaubnis, der Körper jedoch nicht. Obwohl Jane gerne meine Klientin war, wollte ihr „Körper-Ich" nicht balanciert werden! Ich setzte dann eine Methode ein, um das zu korrigieren, und erhielt die Erlaubnis.

In der nachfolgenden BodyTalk-Balance ergaben sich völlig andere Vernetzungen zu den Eierstöcken und die Reaktion war beeindruckend. Tagelang verspürte Janine eine ständige Aktivität im Bereich ihrer Eierstöcke und in den Eierstöcken selbst, und ihre Zysten verschwanden völlig.

Ich habe entdeckt, dass selbst die kooperativen „Ich-Anteile" offiziell um Erlaubnis gefragt werden möchten, ob sie balanciert werden dürfen. Das schafft die Voraussetzung, den KörperGeist des Patienten zu respektieren, mit ihm zusammenzuarbeiten und von seiner inneren Weisheit geführt zu werden. Hier sollte angemerkt werden, dass die innere Weisheit nicht um Erlaubnis gefragt werden muss, weil sie ohne Schwingung ist, jenseits der Ich-Form steht und stets für das höchste Wohl der Klienten arbeitet. Alle anderen Aspekte eines Individuums sind polarisierte Energiemuster.

Sie sind den Verzerrungen des bewussten und unbewussten Geistes unterworfen.

Um Erlaubnis bitten

Nachdem Sie zu Beginn der Sitzung eine Kommunikationsbasis eingerichtet haben, die auf *Ja/Nein* basiert, fragen Sie:

Frage: „Habe ich auf allen vier Ebenen die Erlaubnis, Ihr System zu balancieren?"

Bei einem *Ja* gehen Sie weiter zur SB.

Bei einem *Nein* finden Sie mit den folgenden Fragen heraus, welche Erlaubnis Sie nicht haben:

- „Habe ich die Erlaubnis, Ihren Körper zu balancieren?"
- „Habe ich die Erlaubnis, Ihr Bewusstsein zu balancieren?"
- „Habe ich die Erlaubnis, Ihr Unterbewusstsein zu balancieren?"
- „Habe ich die Erlaubnis, Ihre Seele zu balancieren?"

Wenn alle Fragen mit *Ja* beantwortet werden, haben Sie die volle Erlaubnis und Kooperationsbereitschaft des Körpers.

Werden eine oder mehrere Fragen mit *Nein* beantwortet, gibt es in Ihrer Balance eine Ebene von Widerstand. Das bedeutet, dass sich ein bestimmter Aspekt des KörperGeistes aus irgendeinem Grunde nicht im Einklang mit dem Rest befindet und mit diesem wieder synchronisiert werden muss.

Balance

1. Schritt

Lassen Sie den Klienten handschriftlich auf einem Blatt notieren, dass er die Erlaubnis erteilt, den Bereich, der mit einem *Nein* reagiert hatte, zu balancieren.

(Zum Beispiel: Ich, Janine, erteile John die Erlaubnis, meinen Körper zu balancieren.)

Legen Sie das Papier auf den Bauchnabel des Klienten und fragen Sie, ob Sie diese Aussage balancieren dürfen. Ist die Antwort *„ja"*, tippen Sie auf Kopf und Brustbein, während der Klient zwei Mal tief atmet und über die Aussage nachdenkt.

Nun stellen Sie die ursprüngliche Frage ein zweites Mal: „Habe ich die Erlaubnis, Ihren Körper zu balancieren?" (Oder was immer es war ...)

Wenn die Antwort *„ja"* ist, machen Sie weiter.

Ist die Antwort *„nein"* – und das wird sehr selten sein –, dann schlage ich vor, dass Sie den Klienten nicht balancieren, sondern zu einem BodyTalk-Anwender schikken, der weiß, was in solch einem Fall zu tun ist. Wenn dies einem BodyTalk-Anwender passiert, führt er die Umgebungs-Balance (aus Modul 2) durch, die den Klienten mit dem Anwender in Harmonie bringt. In solchen Fällen fühlt sich entweder der Klient oder der Anwender auf irgendeiner Ebene nicht wohl mit dem anderen. Das muss an dieser Stelle gelöst werden, denn sonst bleibt die Beziehung zwischen Klient und Anwender unsicher und beschränkt.

Wenn es ursprünglich ein zweites *Nein* gab, wiederholen Sie den Ablauf für das nächste „Ich".

2. *Schritt*

Haben Sie auf allen vier Ebenen die Erlaubnis erhalten, so stellen Sie noch eine weitere Frage:

„Brauche ich noch eine weitere Erlaubnis?"

Ist die Antwort *„ja"*, dann fragen Sie:

„Müssen Sie sich die Erlaubnis zur Balance geben?"

Wenn hier ein *Ja* kommt, zeigt das, dass es auf der tiefsten Ebene des Klienten etwas gibt, das noch nicht bereit war gesund zu werden. Das muss jetzt ausgetippt werden.

Bitten Sie den Klienten zu sagen: „Ich gebe mir selbst die Erlaubnis, gesund zu werden", während Sie gleichzeitig auf Kopf und Brustbein tippen.

Fragen Sie erneut, um sicherzustellen, dass es funktioniert hat.

Danach können Sie Ihre Balance vertrauensvoll fortsetzen und Sie wissen, dass Sie die volle Kooperationsbereitschaft Ihres Klienten auf den vier Hauptebenen des „Ich-Bewusstseins" haben.

Kapitel 8

Bei welchen Störungen kann BodyTalk helfen?

Das BodyTalk-Protokoll

Dieses Buch hat nicht zum Ziel, das gesamte BodyTalk-System abzuhandeln. Im nun folgenden Kapitel werde ich das allgemeine BodyTalk-Protokoll vorstellen, das die Anwender in ihrer Praxis als Richtschnur benutzen. Im nächsten Kapitel werde ich jeden Abschnitt kommentieren und einige passende Fallbeispiele geben. Das Protokoll besteht aus Modul 1 und Modul 2, und zeigt die Lerninhalte der zwei Module auf, die in den BodyTalk-Workshops unterrichtet werden. Diese können an separaten Wochenenden (ein Abend und zwei volle Tage) oder in einem intensiven Wochenworkshop unterrichtet werden, der beide Module enthält.

Im letzten Teil des Buches werde ich viele Techniken vorstellen, mit denen eine Vielzahl der häufigsten Gesundheitsprobleme sicher und einfach ausbalanciert werden können. Sie können das BodyTalk-System ausprobieren und selbst sehen, warum BodyTalk wahrhaftig das System für die Gesundheitsfürsorge des 21. Jahrhunderts ist.

Die Abschnitte, die in diesem Überblick kursiv gedruckt sind, werden weiter unten im Buch noch genauer behandelt.

Modul 1

I. Erlaubnis

II. Essentielle GrundBalance
A. SB-Verbindung
B. Switching
C. Cortexbereiche
D. Wasserhaushalt
E. Narben & Störfelder

III. Organsystem
Vernetzen der Organe – Lunge, Herz, Leber, Gallenblase, Magen, Milz, Dünndarm, Dickdarm, Niere, Blase

IV. Drüsensystem
Vernetzen der endokrinen Drüsen – Zirbeldrüse, Hypophyse/Hypothalamus, Schild-, Thymus-, Bauchspeicheldrüse, Nebennieren, Eierstöcke, Hoden

V. Körperteile
Vernetzen aller Körperteile

VI. Körperchemie
Viren, Bakterien, Parasiten, Giftstoffe, Allergien, Nahrungsunverträglichkeiten

VII. Aktive Erinnerungen
A. Glaubensmuster
  1. Herzzentrum (Selbstbewusstsein, Liebe)
  2. Beckenzentrum (Sinnlichkeit, Sexualität, Körper)
B. Ereignisse
  1. Lebensabschnitte (spezifische Lebensjahre)
  2. Vergangene Beziehungen (Mutter, Vater, Familie, andere)
  3. Geburt, vorgeburtliches Leben
  4. Spezifische Begebenheiten und Ereignisse (Vergangenheit, Gegenwart)
  5. Spezifische Ängste und Phobien

Modul 2

VIII. GrundBalance des Gehirns – Das dreigliedrige Gehirn

A. Allgemeine Vernetzungen der drei Gehirnbereiche
B. Spezifische oberflächliche Vernetzung zwischen den Bereichen

IX. Umgebungsfaktoren

Untersuchen der Vernetzung zwischen dem Patienten und möglichen Einflussfaktoren in seinem Umfeld. Umweltfaktoren umfassen Menschen, Tiere, Chemikalien, Objekte und stressauslösende Situationen.

A. Vernetzung des Körpers mit dem Umfeld/der Umwelt
B. Vivaxis

X. Zellreparatur

A. Impfstoffe (durch Impfstoffe hervorgerufener Schaden)
B. Vererbung (Ansprechen von Erbkrankheiten, sofern möglich)
C. Angehäufte zelluläre Zerstörung (Reparieren des Schadens, entstanden durch verschiedene chemische, körperliche oder emotionale Traumen im Verlaufe des Lebens)

XI. Lymphsystem

Balance der Lymphknoten im Hals-, Brust-, subdiaphragmalen Milzbereich (unter dem Zwerchfell), Bauchraum und der Leistengegend

XII. Nerven- und Kreislaufsystem

A. Vernetzen des Gehirns zu Körperteilen, Organen und Drüsen – Nervenversorgung der betreffenden Körperteile
B. Vernetzen der sympathischen und parasympathischen Nervenversorgung zu den Organen, Drüsen oder Körperteilen
C. Vernetzen des Herzens (Kreislauf) zu Körperteilen, Organen und Drüsen – Blutversorgung der betreffenden Körperteile

XIII. Energiesysteme

A. Vernetzen der 7 Chakren
B. Vernetzen der 49 Subchakren
C. Balance der Meridianpulse
D. Pancreas-Trigger-Punkt

XIV. Muskel-Skelett-System

A. Extrinsische Balance – Reziproke Abschnitte
   OBERE KÖRPERHÄLFTE –
   UNTERE KÖRPERHÄFTE
   1. Schulteroberkante – Beckenkamm
   2. Schultereckgelenk – Hüftgelenk
   3. Vordere Achselhöhle – Leistenbeuge
   4. Hintere Achselhöhle – Sitzbeinhöcker
   5. Ellbogengelenk – Kniegelenk
   6. Handgelenk – Fußgelenk
   7. Bauchnabel – Steißbein
   KOPF – KÖRPER
   8. Nasenrücken – Schwertfortsatz
   9. Schläfenbein – Hüftknochen
   10. Jochbein – Schambeinkante
   11. Mund – Bauchnabel
   12. Ohr – Achselhöhle
   13. Auge – Brustwarze
   KOPF – WIRBELSÄULENKOMPLEX
   14. Kiefergelenk – Iliosakralgelenk
   15. Keilbein – Steißbein
   16. Hinterhaupt – Kreuzbein
   17. Obere Wirbelsäule – Untere Wirbelsäule
B. Intrinsische Balance – tiefer Kontakt der Muskelfaszien, um spezifische Reparaturen in einem Körperbereich anzuregen

Kapitel 9

Bei welchen Störungen kann BodyTalk helfen?

BodyTalk-Protokoll – Modul 1

In den beiden folgenden Kapiteln 9 und 10 werde ich das BodyTalk-Protokoll noch einmal durchgehen, vertiefen und mit Fallbeispielen ergänzen.

Essentielle GrundBalance (EGB)

Hierbei geht es um die grundlegenden, allgemeinen Balancen, mit denen eine jede BodyTalk-Sitzung beginnt. In der nachfolgenden Darstellung werden Sie erkennen, dass diese den Klienten auf jede Form von Anwendung vorbereiten, indem sie die essentiellen Elemente korrigieren, ohne die der Körper nicht gesund werden kann. Ich bin der festen Überzeugung, dass jede Therapieform dies erfordert und alle Therapeuten mit deutlich verbesserten Resultaten rechnen könnten, weil der Körper-Geist dann bereit wäre, behandelt zu werden.

Alle Rückmeldungen bestätigen diese Aussage. Chiropraktische Korrekturen bleiben stabil und sind leichter durchzuführen, Akupunkturbehandlungen bringen schnellere Resultate, homöopathische Mittel wirken schneller, Medikamente schlagen besser an und haben keine Nebenwirkungen, OP-Patienten erholen sich schneller und mit weniger Komplikationen, Massagen und Rolfing haben viel tiefere Auswirkungen, die Rehabilitation wird beschleunigt, emotionale und mentale Störungen und Phobien sprechen schneller und weniger traumatisch auf die Therapie an. Warum das so ist, wird Ihnen beim Weiterlesen klar werden.

SB-Verbindung

Diese wichtige Methode wird in Kapitel 11 noch detaillierter besprochen. Kurz gesagt verbessert diese Technik das Atemmuster des Körpers, indem sie die entscheidenden Schädelbereiche so lockert, dass sie sich im Einklang mit dem Atemzyklus bewegen können. Nach der Balance zeigt eine Messung mit dem Spirometer häufig eine Steigerung des Atemvolumens um 30 % oder mehr. Die Technik wirkt sich auch auf die Funktion der Hypophyse und damit auf das gesamte Drüsensystem aus.

Jenny
Jenny war Teilnehmerin an einem BodyTalk-Workshop und erlebte die übliche SB-Verbindung als Teil des Unterrichts. Sie war sofort ganz aufgeregt und verkündete laut: „Ich kann atmen!". Dann erklärte sie, dass das Atmen für sie, solange sie denken konnte, immer mit großer Anstrengung verbunden war. Sie war nicht wirklich asthmatisch, befand sich aber oft außer Atem und fand es schwierig, tief durchzuatmen. Gleich nachdem die SB-Verbindung vorgenommen war, konnte sie ohne Mühe tief durchatmen und war begeistert.

Susan
Susan war zwölf Jahre alt, hatte aber den Körper einer Achtjährigen. Als sie acht war, hatte ihre Hypophyse aufgehört zu arbeiten. Trotz des Hormoncocktails, den ein Endokrinologe ihr verschrieben hatte, war sie immer noch schwer krank und sehr schwach. Nach der SB-Korrektur verspürte sie stechende Kopfschmerzen im Bereich der Hypophyse. Zwei Monate später funk-

tionierte ihre Hypophyse normal und ihr Körper begann vollends zu gesunden.

Switching

Unsere linke Hirnhälfte übernimmt gewöhnlich die normalen linearen Gehirnfunktionen, die Routineberechnungen sowie die alltäglichen und einfachen bewussten Aktivitäten.
Die rechte Hirnhälfte hat dagegen mit Intuition, Kreativität, Tagträumen, Visualisieren und komplexen Gehirnvorgängen zu tun.

Normalerweise schaltet der Körper ständig zwischen den beiden Gehirnen hin und her und wir wechseln reibungslos von einfachen Funktionen zu komplexen Vorgängen und bildlichen Vorstellungen. Wenn wir das übertreiben und uns anspannen, schaltet der Körper um (engl. *to switch*) und beendet dieses reibungslose Wechselspiel. Wir scheinen den Überblick zu verlieren, unsere Gedanken werden neblig und die Konzentration lässt nach. Auf diese Weise teilt das Gehirn uns mit, dass wir eine Pause brauchen, unseren Zuckerspiegel wieder auffüllen und uns ausruhen müssen.

Bei manchen Menschen liegt die Stressschwelle, welche die Umschaltung auslöst, zu nahe an den gewohnten Aktivitäten. Diese Menschen schalten zu leicht um und verlieren ständig ihre Klarheit und Konzentration. Selbst bei Prüfungsstress neigen sie zum Umschalten und weisen deshalb schlechte Leistungen auf.

Das geschieht häufig bei Studenten oder bei Menschen, deren Arbeit sehr belastend und leistungsorientiert ist.

Die hier vorgestellte Technik verändert die Schwelle, welche die Umschaltung auslöst. Ist die Korrektur einmal vorgenommen, schaltet das Gehirn nicht mehr so leicht um und die Leistungsfähigkeit des Klienten nimmt zu. Das macht diese Technik besonders wichtig in der Gesundheitsfürsorge. Der Klient ist wegen seiner Krankheit oft angespannt oder steht unter Stress, wenn er einen Anwender aufsucht. Solange sich der Körper im „umgeschalteten“ Zustand befindet, ist seine Fähigkeit zu fokussieren und zu heilen stark eingeschränkt. Dann kann der Klient nicht angemessen auf die jeweilige Balance reagieren; die verschiedenen Abläufe geraten durcheinander und ungewöhnliche Resultate und Reaktionen sind die Folge. Wenn die Umschaltung eines Klienten zu Beginn der Sitzung aufgehoben wird, kann der Anwender sicher sein, dass der Körper angemessen auf die angewandten oder verordneten Techniken reagiert.

Cortexbereiche

Diese grundlegende Technik wird im BodyTalk auf verschiedenste Weise angewandt. Im Wesentlichen hat sie damit zu tun, die Kommunikation zwischen den beiden Gehirnhälften in Ordnung zu bringen.

Wenn wir alle Störungen zwischen den beiden Gehirnhälften reparieren, die uns die Körperweisheit anzeigt, können wir dem Körper helfen, viele schwere Krankheiten und Funktionsstörungen zu heilen. Außerdem können wir damit die allgemeine Gehirnaktivität und den Fluss der Zerebrospinalflüssigkeit, des Blutes und aller Nerven im Gehirn deutlich verbessern. Einer der häufigsten Ausdrücke, die ich nach einer solchen Korrektur von den Klienten höre, ist, dass sie sich „klarer im Kopf“ oder „insgesamt wohler“ fühlen.

Ist diese Korrektur abgeschlossen, wird das Gehirn viel besser auf jede Therapie reagieren. Ich würde nie mit einem Klienten arbeiten, bevor ich nicht mindestens diese grundlegende Cortexbalance vorgenommen habe. Ich habe festgestellt, dass diese Technik extrem bedeutungsvoll ist, und ich werde sie später detailliert – und begeistert – vorstellen.

Wasserhaushalt

Über die Bedeutung von Wasser in der Therapie wird viel gesprochen, doch kaum jemand versteht wirklich etwas davon. Wir geben Lippenbekenntnisse ab, wie wichtig es ist, genug Wasser zu trinken, – doch die meisten glauben, es ginge einfach nur darum, genug Flüssigkeit aufzunehmen. Diese Vorstellung beruht auf der Annahme, dass alle Flüssigkeiten Wasser enthalten und deshalb dazu beitragen, den Wasserbedarf des Körpers zu decken. Tatsache aber ist, dass Kaffee, Tee, einige Kräutertees und Softdrinks Koffein oder koffeinhaltige Substanzen enthalten. Koffein ist eine entwässernde Substanz und verstärkt die Entwässerungsfunktion der Nieren. Wenn man diese Getränke nicht zusammen mit reinem Wasser zu sich nimmt, entwässern sie schließlich Körpergewebe und -zellen.

Viele Menschen halten Wasser für ein Lösungsmittel, eine Art Verpackungsmaterial und ein Transportmittel für andere Substanzen im Körper. Sie geben den Eiweißen, Mineralen und Vitaminen mehr Bedeutung. Tatsache ist, dass das Wasser eine lebenswichtige Rolle bei der Energieproduktion in den Zellen, dem Stoffwechsel, der emotionalen Synthese, dem Lymphfluss und der Übertragung von Nervenimpulsen spielt.

Viele Klienten werden Ihnen erzählen, dass sie große Mengen Wasser trinken – schließlich wissen sie, wie wichtig das ist. Einige dieser Klienten haben Wasseransammlungen im Körper, weil ihr Flüssigkeitsspiegel viel zu hoch ist. Doch wenn ich den Körper nach seinem Wasserhaushalt frage, weist die Antwort auf einen Wassermangel hin! Ein weiteres Problem ist, dass das viele Wasser, das sie trinken, den Wassermangel oft nicht behebt – es verursacht nur Übelkeit. Das entspricht der typischen Reaktion eines in der Wüste verdurstenden Menschen, der körperliche Probleme bekommt, wenn er auf ein Mal zu viel Wasser trinkt.

Diese Schwierigkeit entsteht, wenn die Osmose durch die Zellmembranen nicht gut funktioniert. Dann staut sich viel Flüssigkeit im Interzellularraum und wird nicht durch die Membrane in das Innere der Zelle geschleust, wo der Zellstoffwechsel stattfindet. Das Wasser ist zwar im Körper, wird aber nicht an der richtigen Stelle genutzt.

Mit unserer einfachen Technik wird der Wasserhaushalt korrigiert, sodass der Körper das Wasser optimal nutzen kann. Sie gehört deshalb zu den Grundlagen bei jeder Form von Behandlung. Schließlich kann der Körper unmöglich auf eine Therapie reagieren, wenn er ausgetrocknet ist. Die Technik wird weiter unten in diesem Buch vorgestellt.

Gary

Gary litt unter chronischen Kopfschmerzen, einem Druckgefühl im Kopf und unter ständiger Müdigkeit. Er stellte fest, dass er immer durstig war und dass seine Kopfschmerzen zunahmen, wenn er Alkohol oder Softdrinks getrunken hatte. Er hatte über die Bedeutung des Wasserhaushalts gelesen und trank seitdem viel mehr Wasser. Das verbesserte seinen Zustand beträchtlich, doch immer nur für kurze Zeit. Er brauchte ständig große Mengen Wasser, um sich wieder wohl zu fühlen, und hatte wegen der Wasseransammlungen in seinem Körper schon an Gewicht zugenommen.

Nach einer Balance des Wasserhaushalts kehrte sein Körper in den Normalzustand zurück. Sein Durst, seine Kopfschmerzen und seine Müdigkeit waren verschwunden und sein Wasserbedürfnis normalisierte sich.

Narben und Störfelder

Mit dieser Technik balanciert man ungesunde Narben und stellt fest, ob bestimmte Kleidungs- und Schmuckstücke der Gesundheit des Klienten schaden oder ob sie die Wirksamkeit der Balance beeinträchtigen könnten.

Ungesunde Narben blockieren den Energiefluss entlang der Meridiane und schränken die Funktion aller Bereiche ein, die von dem jeweiligen Meridian versorgt werden. Ungesunde Narben bringen auch das Energiehologramm des Körpers durcheinander, indem sie das energetische Gleichgewicht des gesamten Körpers stören.

Viele Gesundheitsprobleme beginnen damit, dass eine Narbe den Energiefluss durch den Körper teilweise blockiert. Normalerweise heilen Narben nicht so gut, wenn die Verletzung – die von einem Unfall oder einer Operation herrühren kann – in einer Zeit emotionaler Unruhe entsteht. Dieser Aspekt der Gesundheitsfürsorge wird nur selten verstanden und meistens übersehen. Ich habe Tausende von Narben balanciert und erstaunliche Wirkungen erzielt. Diese einfache, aber sehr wichtige Balance werde ich weiter unten vorstellen und ich bin mir sicher, dass sie zu Ihren Lieblingsmethoden gehören wird.

Jim

Jim hatte sich in den Finger geschnitten, als er seiner Frau bei der Hausarbeit helfen wollte. Es war nur ein kleiner Einschnitt unterhalb des Fingernagels des Zeigefingers. Er war wütend, weil der Schnitt nicht aufhörte zu bluten und die Kartoffeln verdarb, die Jim geschält hatte. Er stürmte aus der Küche und schließlich hörte der Finger auf zu bluten.

Etwa einen Monat später begann Jim unter schmerzhaften Darmbeschwerden zu leiden. Als die Beschwerden immer schlimmer wurden, suchte er seinen Arzt auf. Nach einigen Monaten wurde ein *Colon irritabile* diagnostiziert und Jim musste regelmäßig Medikamente einnehmen. Drei Jahre später wurde ihm gesagt, dass seine Beschwerden wahrscheinlich nur gelindert werden könnten, wenn ein Teil seines Darms entfernt würde.

Als er daraufhin bei mir zur Balance war, erzählte mir sein Körper von der Narbe. Ich hätte sie nie wahrgenommen, weil sie so klein war. Es fiel mir auf, dass sich die Narbe direkt über dem Akupunkturpunkt Di 1 befand. Das ist der erste Punkt des Dickdarmmeridians in der Akupunktur, der großen Einfluss auf den Darm hat. Die Narbe wurde balanciert und der Körper war sicher, dass das Problem damit behoben sei. Einen Monat später war Jim fast schmerzfrei. Drei Monate später waren all seine Symptome verschwunden und sie kamen nie mehr zurück.

Organsystem

Die Organe vernetzen: Lungen, Herz, Leber, Gallenblase, Magen, Milz, Dünndarm, Dickdarm, Nieren, Blase

An diesem Punkt der Balance kommen wir zum Hauptbereich der „physischen Medizin“. In diesem Abschnitt gleicht der BodyTalk-Anwender die Beziehung und Synchronizität zwischen den Organen aus. Diese werden einerseits mit dem Zentralnervensystem vernetzt, um eine gute Nervenverbindung zu garantieren, andererseits mit dem Herzen, um eine gute Blutzirkulation zum, vom und im jeweiligen Organ zu garantieren. Die Grundlagen der Organvernetzung werden weiter hinten in diesem Buch vorgestellt.

Ann
Ann hatte gerade einen heftigen zweiwöchigen Virusinfekt in der Lunge und den oberen Atemwegen überstanden. (Sie hatte ihn ohne BodyTalk durchstehen müssen!) Nun beschwerte sie sich bei einer Nachbarin, weil sie ihre Krankheit nicht wirklich loswerden konnte. Sie litt unter Husten, Lungenbeschwerden, Verstopfung und Kopfschmerzen. Ihre Nachbarin hatte an einem BodyTalk-Workshop teilgenommen und Modul 1 gelernt. Sie machte mit Ann sofort eine BodyTalk-Balance, in der sie unter anderem ihre Lunge mit der Milz und dem Dickdarm vernetzte. Außerdem balancierte sie die Nebennieren mit der Leber aus. Das Resultat war dramatisch und schon am nächsten Tag war Ann wieder gesund.

Ken
Ken hatte chronische Verdauungsprobleme, besonders bei der Fettverdauung. Er hatte ständig Blähungen und ein schweres, „festgefahrenes" Gefühl im Darm. Mit Hilfe des BodyTalk-Protokolls wurde festgestellt, dass die Kommunikation zwischen seiner Gallenblase und seinem Dünndarm nicht gut funktionierte. Nachdem diese wieder vernetzt worden waren, normalisierte sich der Gallenfluss und alle Symptome verschwanden.

Drüsensystem

Die endokrinen Drüsen vernetzen: Zirbeldrüse, Hypophyse, Hypothalamus, Schilddrüse, Thymus, Milz, Nebennieren, Eierstöcke, Hoden

Die endokrinen Drüsen werden genauso behandelt wie die Organe. Das größte Problem ist auch hier, dass die Drüsen in ihren Aktivitäten nicht gut miteinander synchronisiert sind. Bei den endokrinen Drüsen ist diese Synchronisierung wichtiger als bei allen anderen Systemen. Die Sekretionen von Hypophyse, Eierstöcken und Nebennieren müssen im Gleichgewicht sein, um den weiblichen Zyklus zu regeln. Außerdem ist ein solches Gleichgewicht nötig für den Umgang mit Stress, Gefühlsschwankungen, Depressionen, Essensgelüsten und Dutzenden von anderen Faktoren.

Jane

Jane hatte chronische Schwierigkeiten im Umgang mit Stress. Alles ging ihr auf die Nerven und manchmal hatte sie das Gefühl, sie würde in die Luft gehen, wenn das Telefon noch einmal klingelte. In der Zeit zwischen ihrem Eisprung und dem Beginn der Menstruation war alles noch viel schlimmer. Vor lauter Stress konnte sie nachts nicht schlafen, schrie die Kinder an, hatte keine sexuelle Beziehung mehr mit ihrem Mann und litt unter Magenbeschwerden.

Während ihrer BodyTalk-Balance bat ihre innere Weisheit darum, die Hypophyse mit den Nebennieren und die Nebennieren mit den Eierstöcken zu vernetzen. Schließlich wurde die Leber mit dem Herzen vernetzt. Die Erleichterung setze schon auf der Liege ein. Nach zwei weiteren Balancen waren ihre Symptome verschwunden und sind bis heute, fünf Monate nach der Balance, nicht wiedergekehrt.

Körperteile

In diesem Abschnitt werden über die Organe und die Drüsen hinaus Verbindungen zu allen anderen Körpersystemen und -teilen gefunden. Diese Verbindungen verschaffen der inneren Weisheit Zugang zu weit größeren Vernetzungsmöglichkeiten, um den Körper auszugleichen. Das ist eine faszinierende Abteilung des BodyTalk, weil wir Verbindungen zu sehen bekommen, die wir mit dem derzeitigen traditionellen Wissen nicht immer erklären können.

In meiner eigenen Forschung versuche ich die Vernetzung in Bezug auf die Symptome des Klienten zu verstehen. Oft kann ich sie mit Hilfe der konventionellen Physiologie erklären, dann wieder muss ich die Theorie der chinesischen Medizin zu Hilfe nehmen, um eine Erklärung zu finden. In anderen Fällen liefert die bioenergetische Psychologie eine Antwort. Es gibt auch Fälle, bei denen ich immer noch nach Erklärungen suche.

Faszinierend sind auch manche Fälle, bei denen ein Körperteil wie zum Beispiel das Knie mit einem Organ oder einer Drüse vernetzt wird. So gibt es bei einem Klienten vielleicht eine Verbindung zwischen den Nieren und dem Knie. Weitere Analysen zeigen, dass der Klient eine Geschichte mit wiederholten Nierenproblemen in Verbindung mit emotionalem Stress hat, der besonders mit der Angst vor dem Leben und mit der Unfähigkeit des Klienten zu tun hat, mit seiner derzeitigen Lebenssituation klarzukommen.

Wenn wir das Wissen der chinesischen Philosophie mit der bioenergetischen Psychologie verbinden, erhalten wir eindeutige Erklärungen für diese und andere Vernetzungen mit verschiedenen Organen. Als Beispiel werde ich Ihnen jetzt die Funktionen und Beziehungen von vier wichtigen Gelenken des Körpers aus der oben genannten Perspektive beschreiben.

Ich bin der Ellbogen

Du denkst vielleicht, dass ich nur hier bin, um es dir zu ermöglichen, den Arm zu beugen. Aber ich tue viel mehr als das. Mein Gesundheitszustand spiegelt den physischen und mentalen Gesundheitszustand vieler

Körperbereiche. Ich kann dir deshalb eine Menge über dich erzählen.

Sechs Meridiane (Energiekanäle der Akupunktur) laufen durch mich hindurch. Die Meridiane der Lunge, des Perikards und des Herzens verlaufen auf meiner Innenseite. Meine Außenseite wird von den Meridianen des Dickdarms, des Dreifachen Erwärmers und des Dünndarms bestimmt. Wenn irgendwelche Funktionen dieser Meridiane auf Grund deiner Tätigkeiten gestört sind, spiegelt sich das in meinem Gesundheitszustand.

Die inneren Meridiane sind Yin-Meridiane. Die gestörten Aspekte dieser Meridiane, die sich auf mich beziehen, sind negative Reaktionstendenzen, schlechte Anpassung (Lunge), Unfähigkeit, das Herz emotional zu schützen und zu nähren (Perikard), begrenztes Gewahrsein des Lebens, Traurigkeit oder Depression (Herz). Wenn irgendeiner dieser Aspekte aus dem Gleichgewicht ist, gebe ich dir oft ein Zeichen (Symptom) an der Innenseite meines Arms.

Das häufigste Symptom ist Schmerz oder Empfindlichkeit. In der konventionellen klinischen Diagnose deuten Schmerzen an der Innenseite des Arms oft auf Herzprobleme hin. Die Bioenergetik und die chinesische Medizin sagen, dass es dabei spezifisch um Herzprobleme gehe, die sich auf Grund mangelnden Gewahrseins, chronischer Traurigkeit und Depression entwickeln. Mangelndes Gewahrsein äußert sich in einem Lebensstil, der dem Herzen schadet. Chronischer Stress, schlechte Ernährungsgewohnheiten und unterdrückte emotionale Probleme können das physische und das emotionale Herz schwer beanspruchen. Manchmal bezieht sich das mangelnde Gewahrsein auch auf ein vernachlässigtes oder nicht vorhandenes spirituelles Gewahrsein. Menschen, die tiefe spirituelle Veränderungen durchmachen, die sie nicht verstehen oder nicht richtig integrieren, leiden häufig unter Schmerzen, Empfindlichkeit oder Schwellungen an der Innenseite des Ellenbogens. Das geschieht besonders häufig bei „spirituellen Notfällen“, wenn jemand innerlich gegen sein Schicksal kämpft und sich weigert, die Veränderungen zu akzeptieren, die in seinem Leben geschehen und ihn wieder auf die Beine stellen könnten.

Die äußeren Meridiane sind Yang-Meridiane und haben psychologische Bedeutung. Sie beziehen sich darauf, intellektuell überfordert zu sein, gut/schlecht und richtig/falsch nicht mehr unterscheiden zu können (Dünndarm) sowie auf Loslassen und auf Vergebung (Dickdarm).

Der Dünndarm sortiert die guten, nahrhaften Anteile aus unserem Essen und resorbiert sie in den Blutstrom. Die Abfallstoffe werden dann weiter in den Dickdarm transportiert. Psychologisch gesehen hat unser Dünndarm mit dem Intellekt und besonders mit unserer Fähigkeit zu tun, in unserem Leben das Gute vom Schlechten und das Richtige vom Falschen zu unterscheiden. Man könnte sagen, dass im intellektuellen Prozess Informationen verarbeitet werden, wobei zwischen dem Nützlichen und dem Unnützen unterschieden wird. Ein Dünndarm, der nicht richtig funktioniert, kann unsere intellektuellen Fähigkeiten beeinträchtigen, das Leben auf positive Weise zu beurteilen. Dann neigen wir dazu, negative Glaubenssysteme und Einstellungen zu entwickeln, und die Klarheit unseres Denkens wird vernebelt. Auch langfristiges negatives Denken und mangelhafte Urteile schädigen die Funktion des Dünndarms und seine Fähigkeit, die guten Nährstoffe auszusondern und den Abfall weiterzubefördern. Wenn das der Fall ist, wird selbst die beste Nahrung schlecht verwertet. Die entsprechenden Symptome sind Schmerzen und Empfindlichkeit am äußeren Ellbogen.

Die Abfallprodukte aus dem Dünndarm wandern weiter in den Dickdarm, das wichtigste Organ für die

Ausscheidung von Abfallstoffen aus dem Körper. Psychologisch gesehen spiegelt unsere Fähigkeit, Abfall aus dem Körper auszuscheiden, auch die Fähigkeit, uns von dem „Müll" in unserem Leben zu trennen. Unsere Unfähigkeit, anderen und uns selbst die Dinge zu vergeben, die in unserem Leben geschehen sind, führt zu funktionalen Dickdarmbeschwerden. Menschen, die sich weigern, sich selbst oder anderen irgendwelche negativen Ereignisse zu vergeben, leiden schließlich unter chronischen Darmproblemen. Auch unsere Fähigkeit, uns „dem Lauf des Lebens anzuvertrauen", wird von Verdauung und Stuhlgang gespiegelt. Wir sehen, dass Menschen, die nicht „mit dem Fluss gehen" können, irgendwann chronische Verstopfung oder andere Verdauungsprobleme bekommen, die mit einem gereizten Darm in Verbindung stehen. Hingegen leiden Menschen, die das Gefühl haben, die Kontrolle über ihr Leben und „den Boden unter den Füßen" zu verlieren, oft unter Durchfall.

Nicht „mit dem Leben zu fließen" und gegen seinen Strom anzukämpfen ist eine der Hauptursachen für chronische Ellbogenprobleme. Der so genannte „Tennisellbogen", der mit Balancen nicht besonders gut zu behandeln ist, steht häufig mit einem chronischen Darmproblem in Zusammenhang. Um ihn effektiv zu balancieren, muss oft der Dickdarm selbst mit in die Balance einbezogen werden, oder die Themen des Loslassens und der Vergebung müssen dem Klienten nahegelegt werden. Eine lokale symptomatische Balance des Ellbogens wird keine langfristige Wirkung zeigen, wenn die dahinter liegenden Ursachen nicht ebenfalls balanciert worden sind.

Wenn der „Tennisellbogen" mit chronischer Verstopfung einhergeht, können Darmspülungen oft zu dramatischen Verbesserungen führen. Beobachtungen haben gezeigt, dass die Ätiologie des Tennisellbogens mit wiederholten Bewegungen zu tun hat. Das passt auch zu unserem Bild. Ständig sich wiederholende Bewegungen werden vom Verstand schließlich als eine chronische Tendenz interpretiert, auch im Leben unflexibel oder festgefahren zu sein. Dann sendet uns der Körper schließlich ein Symptom, um uns zu sagen, dass wir unsere Spontaneität, das heißt, die Beweglichkeit unseres Ellbogens verlieren.

Chiropraktiker haben bei Tennisellbogen häufig gute Resultate erzielt, indem sie die Wirbelsäule und die Nackenmuskeln mobilisiert haben. Auf der mechanischen Ebene werden dadurch die Nerven befreit, die zum Ellbogen führen. Energetisch gesehen unterstützt dies den Energiefluss durch den Arm. Auf der psychologischen Ebene reflektiert ein steifer Nacken eine rigide Haltung. Wenn diese Rigidität mobilisiert wird, kann der Klient insgesamt besser loslassen. Das wird wiederum dazu beitragen, das Ellbogensymptom zu korrigieren.

Das Schlüsselwort für den Ellbogen ist Flexibilität. Unser Ellbogen reflektiert unsere Flexibilität dem Leben gegenüber – unsere Fähigkeit, uns anzupassen und spontan zu sein, ohne vom Leben zum Stocken gebracht und verstopft zu werden. Je flexibler wir sind, desto besser können wir mit dem Leben fließen, Vergebung üben, Richtig und Falsch unterscheiden, das Leben intellektuell verarbeiten und uns unserer Umgebung anpassen. Wenn unsere Ellbogen ihre Flexibilität durch Schmerzen, Schwellungen, Arthritis oder Verletzungen verlieren, wird uns mitgeteilt, dass wir die Aspekte unseres Lebens anschauen sollen, die mit der Flexibilität zu tun haben.

Ich bin das Knie

Ich verschaffe dir die Flexibilität, dich herabzubeugen und umherzubewegen. Ich werde hauptsächlich von den Energien deiner Nieren kontrolliert. Die Nierenenergie hat mit Angst und Willenskraft zu tun.

Ich bin dein Leben lang ein starkes Sinnbild für dich gewesen. Ich repräsentiere deine Willenskraft. Wenn du dich als Kind im Trotz auf deine Willenskraft berufen hast, dann hast du deine Knie durchgedrückt. Du hast gelernt, wie man seinem Gott, seinem Anführer oder einem Sieger seine Unterwerfung bekundet, indem man symbolisch seine Knie beugt. Wenn du mit Themen zu tun hast, die deine Willenskraft betreffen, wird das meine Funktion beeinflussen.

Du benutzt deine Willenskraft, um die Angst zu überwinden – die andere Energie der Nieren. Diese beiden gegensätzlichen Energien in den Nieren repräsentieren die beiden gegensätzlichen Kräfte von Wasser und Feuer, die in der dualistischen Yin-Yang-Funktion der Nieren ins Gleichgewicht kommen.

Wenn du große Angst verspürst, werden deine Knie schwach. Glücklicherweise passiert das in unsrer modernen Gesellschaft nicht so häufig. Doch stattdessen geschieht etwas anderes, das auf Grund seines heimtückischen Wesens noch viel zerstörerischer sein kann. In der modernen Gesellschaft hat die größte Angst damit zu tun, die Dinge zu meistern und zurechtzukommen. Wir haben Angst, mit dem Geld, der Arbeit, den Beziehungen, der Gesundheit und so weiter nicht klarzukommen. Wenn du mit dieser Art von Angst lebst, schwächt das deine Knie und macht sie anfällig für Verletzungen. Zieht sich die Angst über eine lange Zeit hin und steht sie in Verbindung mit einem geschwächten Willen, der sie nicht überwinden kann, dann wird mein Gehirn mich stärken, indem es mich unflexibel und starr macht. Das nennst du dann Arthritis.

Meine Innenseite wird von Milz und Bauchspeicheldrüse kontrolliert. Wenn du also meine medialen Bänder verletzt, sorgst du dich um etwas, mit dem du nicht klarkommst. (Milz und Bauchspeicheldrüse kontrollieren die Sorge.) Meine Außenseite wird von der Gallenblase kontrolliert, und wenn du diesen Anteil verletzt, hast du Angst, eine Entscheidung über irgendetwas zu treffen.

Das Kreuzband tief in meinem Inneren hat mit dem tiefsten Aspekt der Willenskraft zu tun: dem Lebenswillen. Wenn ich verletzt bin, stellst du normalerweise dein Leben und deine Existenz zutiefst in Frage. Das bedeutet nicht, dass du suizidal bist, sondern nur, dass du dein Leben und seine Richtung sowie deinen Willen in Frage stellst, die Dinge durchzuführen, die in deinem Leben getan werden müssen.

Die Blase kontrolliert meine Rückseite. Der Blasenmeridian beeinflusst zutiefst das zentrale Nervensystem und seine Aktivitäten. Wenn dieser Teil von mir verletzt ist, hat es normalerweise damit zu tun, dass du deine Willenskraft zu sehr von deinem Nervensystem kontrollieren lässt. Dann bist du unter der Oberfläche starr, unflexibel und ängstlich. Du „stehst" auf eine Weise für dich ein, die zu sehr auf Reaktionen beruht.

Deine Kniesehnen werden vom Dickdarm (Loslassen) regiert. Wenn auch sie betroffen sind, fürchtest du – zu deinem Nachteil – den „Standpunkt" aufzugeben, den du eingenommen hast. Meine Rückseite beginnt normalerweise zu schmerzen, wenn du in einer Lebensphase bist, in der deine Überzeugungen in Frage gestellt werden und du Angst hast, sie loszulassen.

Wenn wir diese Gelenke mit BodyTalk balancieren, kümmern wir uns um alle ihre Aspekte auf physischer und psychologischer Ebene. Damit stellt das BodyTalk-System ein wirklich ganzheitliches Verfahren für die Balance von Krankheiten zur Verfügung. Das BodyTalk-System ist eine Methode, die auf dynamische Systeme ausgerichtet ist und die alle Aspekte der dynamischen Wechselbeziehungen zwischen verschiedenen Körper-

Geist-Systemen reguliert. Indem es die Kommunikation verbessert, vermag es dieses System einzuschätzen, welche Aspekte einbezogen werden müssen, um alle Funktionen wieder auszugleichen und in Einklang zu bringen.

Um es noch einmal zu sagen: Die BodyTalk-Balance zur Korrektur all dieser wichtigen Funktionen ist einfach.

Ich bin das Handgelenk

Ich bin ein komplexer Charakter, weil ich so eng mit der Hand, dem komplexesten und ausdrucksvollsten Körperteil, verbunden bin. Ich muss sehr flexibel und beweglich sein und ich besitze deswegen acht kleine Knochen, die meinen Bewegungen diese unglaubliche Flexibilität und Präzision verleihen.

Tatsächlich brauche ich eine Menge Intelligenz, um all das tun zu können. Daher ist es auch nicht verwunderlich, dass ich hauptsächlich vom Magen regiert werden. Der Magen repräsentiert den bewussten Geist. (Man denkt mit dem Magen.) Wenn du anfängst, zu viel zu denken, und besonders wenn dein Denken starr und eng wird, dann werde auch ich starr. Wenn dein Verstand nicht bereit ist, sich der Welt mit Offenheit und Flexibilität zu öffnen, dann werde ich mich zusammenziehen und deine Handbewegungen behindern. Deine Hände werden sich zurückhalten und zusammenziehen. Das wirst du dann „Karpaltunnelsyndrom" nennen.

Wenn du dein Leben und die Dinge um dich her nicht „schlucken" kannst, wirst du Verdauungsstörungen haben und ich werde schmerzen und degenerieren. Wenn du kraftvolle Vorstellungen hast, die nicht ausgedrückt werden, dann bewahre ich sie in einem Überbein auf. Wenn du dein Gehirn überarbeitest und deine Augen zum Beispiel am Computer überanstrengst (auch das wird vom Magen regiert), dann werde ich wund. Das nennst du ein „Überlastungssymptom." Komisch, dabei gibt es doch eine Menge anderer Aktivitäten, die dein Handgelenk belasten, es aber nicht verletzen, weil du dabei nicht deinen bewussten Verstand belastet, denn nur das ist es, was mich wirklich aufregt.

Der Dickdarm und die Lungen kontrollieren den Anteil von mir, der an der Daumenbasis liegt. Die Lungen haben mit alter oder übersteigerter Trauer zu tun. Der Dickdarm hat mit dem Loslassen zu tun (s. „Ich bin der Ellbogen"). Wenn ich an dieser Stelle schmerze, gibt es normalerweise irgendeine Trauer in deinem Leben, die du nicht loslässt.

Meine Außenseite nahe dem kleinen Finger wird vom Dünndarm kontrolliert. Der Dünndarm ist klüger als der Magen (bewusster Verstand). Er hat direkt mit der höchsten Ebene unseres Verstandes zu tun. Neueste Entdeckungen in der Neurophysiologie haben gezeigt, dass es große Mengen von Gehirnpeptiden in den Schleimhäuten des Dünndarms gibt. (Das brauche ich mir allerdings nicht von der Wissenschaft sagen zu lassen.)

Der Dünndarm verarbeitet das Essen, indem er das Gute herausfiltert und das Schlechte an den Dickdarm weiterleitet. Der Intellekt verarbeitet Gedanken, indem er feststellt, was gut (nützlich) und was schlecht (unnütz) ist. Er unterscheidet und sortiert aus. Interessanterweise gibt es eine Beziehung zwischen dem im Dünndarm vorkommenden Gehirnpeptid und dem limbischen System im Gehirn, wo die Emotionen verarbeitet werden. Es gibt kaum intellektuelle Entscheidungen zwischen Richtig und Falsch, bei denen nicht auch die Emotionen eine Rolle spielen. Der Dünndarm absorbiert auch starke Emotionen, die der Körper auszuscheiden versucht. Wenn du aufgeregt bist, kannst du das im Bauch als Gluckern und Gurgeln wahrnehmen.

Wenn du das Richtige und Falsche in deinem Leben nicht korrekt verarbeitest und nicht zulässt, dass deine Emotionen vom Dünndarm absorbiert und ausgeschieden werden, beginne ich zu schmerzen und mich leicht zu verletzen. Deine Hände werden schmerzen, schlecht durchblutet sein und häufig taub werden, weil ich Nervenströme, Energie und Blut nicht richtig durchfließen lasse.

Ich bin der Fußknöchel

Ein Leben lang habe ich dein Gewicht getragen und deine Schritten beweglich gemacht. Wenn ich stark bin, gehst du mit starken, flexiblen Schritten durchs Leben und kannst dich jeden Augenblick drehen und wenden. Mein Gelenk ist mit einer Flüssigkeit gefüllt und stellt eine Art Kissen zur Verfügung, das den Druck auffängt, der beim Gehen und Laufen entsteht.

Doch ich bin noch viel wichtiger als das. Meine Vorder- und Außenseite wird hauptsächlich vom Leber- und Gallenmeridian kontrolliert, den wichtigsten Energiesystemen, wenn es um Planung und Entscheidung geht. Die Leber (vom Wesen her Yin) plant meine biochemische Zusammensetzung und hilft mir, mein Leben zu planen. Ihr Partner, die Gallenblase (vom Wesen her Yang), fällt dann die endgültigen Entscheidungen und führt sie aus.

Der Magen und die Milz/Bauchspeicheldrüse kontrollieren mein Inneres. Auf der Energieebene repräsentieren sie den bewussten Verstand und das Unbewusste. Die Prozesse, die hier geschehen, haben damit zu tun, etwas zu durchdenken oder sich über etwas Sorgen zu machen.

Nun stell dir eine Situation vor, in der du in deinem Leben einen Schritt unternehmen musst – in der du heiratest, die Arbeit wechselst, ein Haus kaufst, dich für ein bestimmtes Studium oder eine Karriere entscheidest. Jedes dieser Ereignisse muss vom KörperGeist verarbeitet werden. Du denkst und sorgst dich, du planst und entscheidest dich. Dieser Prozess geht in vielen Bereichen deines Körpers vor sich, aber seine energetische Verarbeitung findet in meinem Inneren statt, während du dich mit meiner Hilfe umherbewegst. Diese örtliche Bewegung trägt dazu bei, den ganzen Prozess anzukurbeln. Je stärker, gesünder und flexibler ich bin, desto leichter wird dir der gesamte Denk- und Entscheidungsprozess fallen.

Wenn du zu lange brauchst, um eine Entscheidung zu fällen, und dich immer wieder aufs Neue sorgst, entscheidest und deine Meinung änderst, dann bist du darauf angewiesen, dass ich besonders stark bin. Bin ich nicht sehr kräftig und widerstandsfähig, dann werde ich jetzt schwächer und neige zu Verletzungen. Du „verknackst deinen Knöchel", und wenn ich dann anschwelle, sammelt sich Energie und Flüssigkeit in mir an und ich verliere meine Flexibilität. Das wird dich oft zu einer Entscheidung zwingen.

Wenn du diese Gewohnheitsmuster von Sorgen und Unentschiedenheit über längere Zeit beibehältst, werde ich zunehmend schwächer. Um dem entgegenzuwirken, wird mich das Gehirn, mein Meister, irgendwann verstärken, indem es mich starrer werden lässt. Diese Erstarrung nennst du dann „Arthritis".

Diese Beschreibungen der vier Arm- und Beingelenke stellen nur eine einfache Version dar. Ich hoffe, dass sie Ihnen helfen, die inneren Vorgänge in den Energiesystemen des KörperGeistes einschätzen zu lernen. Erinnern Sie sich, dass es viele andere Faktoren gibt, die mitspielen können. So sind die Ellbogen und Handgelenke zum Beispiel durch verschiedene Muskeln miteinander verbunden. Diese Muskeln haben auch ihre

Geschichte zu erzählen, die einen großen Einfluss auf die Gesundheit des Ellbogens und des Handgelenks ausübt. Außerdem wird der Arm vom Schultergelenk und den dazugehörigen Muskeln beeinflusst. Doch das ist eine andere Geschichte.

Das Studium all dieser Dinge ist faszinierend. Wenn Sie den energetischen und psychologischen Aufbau des Körpers wirklich verstehen, wird Ihnen bewusst, wie sich Krankheiten entwickeln und wie sie aufrechterhalten werden.

Glücklicherweise ist es nicht nötig, dass Sie all das verstehen, um die entsprechenden Zustände mit BodyTalk zu balancieren. Mit BodyTalk zeigen wir dem Gehirn und dem Herzen, was nicht in Ordnung ist, und vernetzen sie eindeutig mit dem Problem. Das Gehirn bringt die nötigen Veränderungen hervor, die dann im Herzen integriert werden.

Der KörperGeist weiß am besten, wie er sich selbst helfen kann. Jede Einmischung von Seiten anderer kann nur ein Kompromiss sein, denn die wahre Heilkraft ist im Inneren unserer Systeme zu Hause.

Körperchemie

Balance von Viren, Bakterien, Parasiten, Giftstoffen, Allergien und Nahrungsunverträglichkeiten

Das ist die ursprüngliche Balance, mit der BodyTalk begonnen hat. Auf meiner sechsjährigen Suche nach Heilung von einem Virus in meinem Organismus traf ich schließlich auf jemanden, der die Originalversion dieser Balance praktizierte. Auf Grund der spektakulären Wirkung, die in drei Tagen eintrat, begann ich, die angewandten Prinzipien zu studieren und das System zu entwickeln, das jetzt BodyTalk heißt.

Mit dieser Balance kann der BodyTalk-Anwender unter Anleitung des Körpers chronische und akute Viren, Infektionen und Parasiten in wenigen Tagen effektiv aus dem Körper entfernen. Das ist von großer Bedeutung für die gesamte Medizin, die schon lange versucht, die schwer greifbaren Viren zu bekämpfen. Und die gängigen Behandlungen gegen Parasiten sind oft unangenehmer als das Problem, das sie bekämpfen.

Mit dieser Balance werden auch Allergien, Nahrungsunverträglichkeiten und Toxine erfolgreich ausgeschaltet, sodass der Klient sehr bald ein normales Leben führen kann. Nachdem der Körper richtig ausbalanciert worden ist, können Sie in den meisten Fällen essen, was Sie wollen. Ab und zu gibt es Klienten, die nicht voll und ganz auf die Balance ansprechen, doch selbst sie bemerken, dass ihre Toleranzschwelle erhöht ist und ihre Symptome nicht mehr so intensiv sind.

Diese Balance ist so einfach und zugleich von einschneidender Bedeutung. Ich werde sie in Kapitel 17 genauer vorstellen und erklären.

Aktive Erinnerungen

A. Glaubensmuster

1. Herzzentrum (Selbstbewusstsein, Liebe)
2. Beckenzentrum (Sinnlichkeit, Sexualität, Körper)

B. Ereignisse

1. Lebensabschnitte (spezifische Lebensjahre)
2. Vergangene Beziehungen (Mutter, Vater, Familie, andere)
3. Geburt, vorgeburtliches Leben
4. Spezifische Begebenheiten und Ereignisse (Vergangenheit, Gegenwart)
5. Spezifische Ängste und Phobien

Da ich diese Balance hier nicht besprechen werde, möchte hier genauer auf die wichtige Rolle eingehen, die Emotionen bei Erkrankungen spielen. Wenn die anderen grundlegenden BodyTalk-Balancen aus irgendeinem Grund nicht gut ansprechen, hat es meistens damit zu tun, dass irgendwelche aktiven Emotionen im Spiel sind, die zum Krankheitsprozess beitragen. Viele Nahrungsunverträglichkeiten verschwinden zum Beispiel erst, nachdem der emotionale Bezug zur Unverträglichkeit abgeklärt ist.
Erinnerungen können aktiv oder passiv im KörperGeist gespeichert werden. Bei passiven Erinnerungen speichern und erinnern wir die jeweilige Erfahrung nur in Form von Erinnerungsspuren im Geist. Je stärker oder interessanter die Erinnerung ist, desto leichter können wir sie wachrufen. Das passive Erinnerungsvermögen ist eine gesunde und normale Körperfunktion und stellt den erwünschten Zustand dar. Bei aktiven Erinnerungen speichern wir eine Erinnerung zusammen mit einer emotionalen Ladung. Das ist der Fall, wenn wir den Gefühlsgehalt der jeweiligen Erfahrung noch nicht voll und ganz integriert haben. Dann speichert unser Körper diese Emotion in den Muskelfaszien oder dem Bindegewebe eines Körperbereichs, der bioenergetisch gesehen für sie zuständig ist. So hat Angst zum Beispiel mit dem Nierenmeridian zu tun, der wiederum zu verschiedenen Muskeln und Körperbereichen in Bezug steht. Eine unverarbeitete Angsterfahrung wird also in den entsprechenden Bereichen gespeichert. Bei der Angst (Nieren) könnten das entweder der Psoasmuskel oder die Bänder um das Knie herum sein.

Nehmen wir zum Beispiel einen Autounfall. Es gibt zwei Möglichkeiten:

- Die Betroffenen integrieren ihre Emotionen und werden wieder ganz gesund.

- Die Betroffenen haben nach einem sehr traumatischen Unfall auf Grund verschiedener, zu diesem Zeitpunkt aktiver Umstände nicht die Möglichkeit, die emotionalen Assoziationen vollständig zu verarbeiten.

Zehn Jahre später kann die erste Person den Unfall einfach als ein Ereignis in ihrem Leben schildern, das zwar traumatisch war, jetzt aber nur noch eine Erinnerung ist. Die zweite Geschichte ist völlig anders. Hier bedeutet die Erinnerung an den Unfall ein emotionales Trauma für den Betroffenen. Wenn er darüber berichtet, wird er vielleicht immer noch Angst, Trauer, Wut oder andere Emotionen empfinden, die damals mitgespielt hatten. Mit anderen Worten, sein Gedächtnis ist auf aktive Weise mit dem gespeicherten emotionalen Trauma verbunden. Wenn das Denken auf den Unfall gerichtet wird, vernetzt das Gehirn die Gedanken mit den gespeicherten Emotionen. Das übt jedes Mal einen Stress auf den Körper aus, besonders in allen Gebieten, die mit dem Unfall in Zusammenhang stehen. Vielleicht hat dieser Mensch bei dem Unfall sein Knie verletzt. Immer dann, wenn das Trauma reaktiviert wird, kann es passieren, dass das Knie krankhafte Veränderungen durchmacht, die in den Wochen danach Schmerzen verursachen.

Bei ernsteren Ereignissen ist die aktive Erinnerung unbewusst. Dann hat der KörperGeist des Klienten keine bewusste Erinnerung an die jeweiligen Assoziationen. Immer wenn er einen Unfall sieht, von einem Unfall hört oder auch nur einen Film darüber anschaut, löst das Unbewusste die jeweilige emotionale Assoziation aus und der Betroffene verspürt Furcht, Angst und ähnliche Gefühle, für die er in seinen derzeitigen Umständen keine Ursache findet. Außerdem können manche Symptome (wie z. B. das Knie, von dem oben die Rede war), die sich der Betroffene zu dem Zeitpunkt nicht erklären kann, einfach aufflackern.

Alle Menschen sammeln in ihrem Leben eine bunte Mischung von aktiven Erinnerungen an, die bei der Entstehung ihrer Gesundheitsprobleme zusammenwirken. Und diese Probleme können bei einem Klienten, dessen aktuelle Lebensumstände anscheinend zu keiner Krankheit Anlass geben, schließlich die Gesundheit gefährden.

Dabei kann es sich um eine geistige oder körperliche Krankheit handeln, die vielleicht einfach dadurch ausgelöst wurde, dass der Klient einen Film gesehen hat, in dem ein Ereignis vorkam, das einer schmerzhaften unbewussten Erinnerung gleicht, die in seinem Körper-Geist gespeichert ist.

Jennifer

Ein typisches Beispiel war Jennifer, die mit Depressionen, allgemeinen Körperschmerzen, Erschöpfungszuständen und extremer körperlicher Schwäche zu mir kam.

Wir befragten ihre innere Weisheit und erfuhren, dass sie auf der körperlichen Ebene an erschöpften Nebennieren und einem milden Virus litt. Doch wir fanden auch heraus, dass dies nicht die ursprünglichen Gründe für Jennifers Krankheit, sondern nur die „Symptome" waren, die der Körper erzeugte, um die Krankheit zu „erklären".

Die Hauptursache wurde auf den Missbrauch eingegrenzt, den sie in ihrer Kindheit erlitten hatte. Mit BodyTalk fanden wir auch heraus, dass ihre Krankheit einige Tage nach einem Filmbesuch entstanden war, bei dem sie eine Szene gesehen hatte, in der ein Vater sein Kind verprügelte.

Hier die Entstehungsgeschichte der Krankheit:
Jennifer war als Kind missbraucht worden und hatte die emotionalen Faktoren der Situation nie gelöst, obwohl ihre Beziehung zu ihrem Vater zurzeit „normal" war.

Die emotionale Erinnerung war im Körper gespeichert und wurde durch die Filmszene unbewusst wachgerufen. Belastende Emotionen wurden ausgelöst und führten zu physiologischen Veränderungen im Körper, die das Immunsystem schwächten (Virus), die Gefühle des Herzens belasteten (Depression) und die Nebennieren schwächten (Erschöpfung und Müdigkeit).

Die entsprechende Emotion versuchte sich zu zeigen, wurde vom Verstand aber nicht erkannt. Deshalb leitete der Körper sie um, was zum allgemeinen Schmerzzustand führte. Manche Schmerzen sind nichts weiter als ein Versuch des Körpers, die Aufmerksamkeit abzulenken, damit wir emotionale Traumata nicht erleben müssen.

Die physische Balance der Symptome hätte der Klientin eine zeitweilige Besserung verschaffen können. Doch häufig verschwinden die Symptome nicht und/ oder sie treten bald wieder auf – es sei denn, das ursprüngliche emotionale Trauma wird aufgelöst.

Mit Hilfe der AE-Balance („Aktive Erinnerungen") des BodyTalk gelang es uns, die Verbindung zwischen dem Gehirn und der gespeicherten aktiven Erinnerung zu unterbrechen. Eine Emotion wird nur gespeichert, wenn sie von den zu Grunde liegenden Gedankenmustern „genährt" wird. Unterbricht man den Gedankennachschub aus dem Gehirn, dann verliert die Emotion ihre Unterstützung und löst sich auf.

Etwa drei Tage nachdem die emotionale Basis geklärt worden war, war die Klientin wieder vollständig gesund.

Die AE-Balance des BodyTalk ist sehr einfach. Weil sie auf der Ebene des Unbewussten operiert, braucht sich der Klient nicht einmal an die betreffenden emotionalen Traumata zu erinnern. Nachdem die Ursache feststeht, werden drei Triggerpunkte auf dem Kopf mit den Fingern verbunden, während der Klient seine Augen auf bestimmte Weise bewegt. Dann wird leicht auf Kopf und Brustbein getippt, damit das Gehirn sich von der aktiven Erinnerung löst. Dieser Prozess dauert ungefähr zwei Minuten und oft genügt schon eine einzige Balance, um eine aktive Erinnerung aufzuheben und bleibende Gesundheit auf der physischen, mentalen und emotionalen Ebene zu erreichen.

Pam

Pam litt seit etwa vier Monaten unter heftigen, wiederkehrenden Kopfschmerzen, die oft zwei bis drei Mal in der Woche auftraten. Chiropraktische Behandlungen waren sehr hilfreich, weil die Schmerzen anscheinend von Spannungen im Hals- und Kieferbereich verursacht wurden.

Durch Befragung ihrer inneren Weisheit wurde festgestellt, dass das Grundproblem emotionaler Natur war und mit Pams Beziehung zu ihrer Tochter zu tun hatte. Es beruhte auf starken Schuldgefühlen. Als sie mit ihrer Tochter schwanger war, litt sie unter großen finanziellen Problemen und die Beziehung zu ihrem Mann war sehr angespannt. Wegen der zusätzlichen finanziellen Belastung war er wütend über ihre Schwangerschaft. In ihrer Verzweiflung versuchte sie, das Kind zuhause abzutreiben – jedoch ohne Erfolg. Sie bekam ihr Kind, das ihr große Freude machte.

Doch die unbewussten Schuldgefühle tief in ihrem Inneren waren riesig. Ich fragte sie, warum die Kopfschmerzen gerade jetzt zum Ausbruch kamen. Die Antwort war einfach. Ihre Tochter war im sechsten Monat schwanger und hatte Beziehungsprobleme mit ihrem Mann.

Die Anspannungen in Pams Kiefer und Nacken hatten begonnen, als ihre Tochter vor fünf Monaten erzählt hatte, dass sie schwanger war.

Die Verbindung war unbewusst hergestellt worden. Sobald die Erinnerung wieder aktiviert und der traumatische emotionale Inhalt mit BodyTalk gelöscht worden war, verschwanden die Anspannung im Hals-Kiefer-Bereich und die dadurch ausgelösten Kopfschmerzen über Nacht und für immer. Später erinnerte sich Pam, dass die Kopfschmerzen immer dann aufgetaucht waren, wenn sie mit ihrer Tochter gesprochen hatte – allerdings hatte sie damals den Zusammenhang nicht erkannt.

Mark

Ein weiterer Fall betraf Mark, der unter verschiedenen Nahrungsunverträglichkeiten litt. Es gab eine ganze Liste von Nahrungsmitteln, die bei ihm zu Verdauungsbeschwerden und zu verschiedenen Allergien führten. Die Probleme hatten begonnen, als er Anfang zwanzig war. Inzwischen war Mark zweiunddreißig.

Sein Fall hatte emotionale Ursachen, die in seiner frühen Kindheit lagen. Bei der Befragung erinnerte er sich an viele Streitereien mit seinen Eltern, die sich stets um das Essen drehten. Oft stritten sie, weil er bestimmte Sachen nicht essen wollte. Dann erinnerten seine Eltern ihn an die „hungernden Kinder in Afrika". Außerdem hatten seine Eltern die Angewohnheit, fast alle Auseinandersetzungen am Esstisch auszutragen, während er gerade aß. Er war ein sensibler Junge und die Verbindung von emotionalem Trauma und Essen führte zu einer aktiven emotionalen Erinnerung in seinem Organismus.

Als er Anfang zwanzig war, machten sich die Nahrungsunverträglichkeiten verstärkt bemerkbar, weil er zu diesem Zeitpunkt heiratete und eine Familie gründete. Plötzlich stritt er mit seinem eigenen Kind über das Essen. Sein Unbewusstes stellte eine Verbindung zu seiner gespeicherten aktiven Erinnerung her, was bei ihm sofort zu Essproblemen und Nahrungsunverträglichkeiten führte. Die BodyTalk-Balance löste die aktive emotionale Erinnerung auf, die in seinem Körper gespeichert war, und seine Probleme waren nach zwei Wochen verschwunden.

Die BodyTalk-Balance bei gespeicherten aktiven emotionalen Erinnerungen ist erstaunlich, denn sie erfordert weder Psychotherapie und langwierige Behandlungen, noch bringt sie intensive emotionale Unannehmlichkeiten mit sich. Um die traumatische Erinnerung zu löschen, braucht der Anwender nicht einmal die Details des ursprünglichen Ereignisses zu kennen.

Es gibt Zeiten, in denen der Klient sich an ein Ereignis erinnert, das er lieber nicht erzählen möchte. Dann genügt es, dass er über das Ereignis nachdenkt, während er balanciert wird. Nichts muss gesagt oder erklärt werden.

In anderen Fällen ist die Erinnerung vielleicht so traumatisch, dass der Verstand sich weigert, sie wieder wachzurufen. Auch dann können gute Resultate erzielt werden. Man ermittelt den Zeitpunkt, zu dem das Trauma stattgefunden hat (z. B. mit sechzehn Jahren), und balanciert dann den Klienten, während er sich vorstellt, sechzehn Jahre alt zu sein. Diese Technik scheint das Unbewusste anzuregen, die aktive Emotion zu löschen, ohne sie als schmerzhafte Erinnerung an die Oberfläche zu bringen. In diesem Fall können allerdings mehrere Balancen nötig sein, während bei spezifischen Ereignissen, an die man sich erinnert, eine einzige Balance reicht.

Nicht alle aktiven emotionalen Faktoren beziehen sich auf bestimmte Ereignisse oder angesammelte Erfahrungen. Es gibt viele emotionale Trigger, die durch angelernte Einstellungen und Glaubensmuster ausgelöst werden. Wenn jemand zum Beispiel in einer Familie aufgewachsen ist, in der eine bestimmte Bevölkerungsgruppe diskriminiert wurde (z. B. Schwarze, Juden, Weiße usw.), kann es zu negativen emotionalen Assoziationen kommen. Er hat sich als Kind vielleicht dumme Geschichten über die Bosheit und Gewalttätigkeit der Araber anhören müssen. Diese Einstellung wird zu einem „Glauben", der von ängstlichen und besorgten Emotionen begleitet wird. Ein Glaube ist eigentlich eine Erwartung oder Vorstellung, dass etwas Bestimmtes passieren wird. Wenn Sie glauben, dass Araber gewalttätig sind, werden Sie immer, wenn Sie einem Araber begegnen, erwarten oder annehmen, dass Gewalt im Spiel ist.

Als Erwachsener sind Sie vielleicht stolz darauf, die Vorurteile Ihrer Erziehung abgelegt zu haben, und Sie glauben, jener alten, ignoranten Sichtweise nicht mehr anzuhängen. Doch dann bemerken Sie, dass Sie neuerdings unter den verschiedensten stressbedingten Gesundheitsproblemen leiden. Sie ernähren sich gesund, bewegen sich genug, meditieren und leben ein glückliches Leben – und doch sind da all diese Angstsymptome.

Mit Hilfe von Therapien wie dem BodyTalk-System finden Sie vielleicht heraus, dass Ihre Symptome ihren Ursprung in einer gespeicherten aktiven Erinnerung haben, die auf einem Glaubenssystem basiert. Schließlich wird Ihnen klar, dass die Symptome eine Woche nach der Einstellung eines neuen Mitarbeiters in Ihrer Firma – eines Arabers – begannen.

In der Tiefe Ihres Unbewussten schlummert noch immer das alte Glaubenssystem, das als aktiver emotionaler Auslöser dient. Der Umgang mit dem Araber brachte all die Ängste des kleinen Jungen zum Tragen, obwohl Sie den Mann auf der bewussten Ebene sympathisch fanden. Mit dem BodyTalk-System könnte man die Verbindung zwischen dem negativen

Glaubenssystem und der gespeicherten Angst auflösen. Das wiederum würde nicht nur die Krankheit, sondern auch das negative Muster für immer beheben.

Der KörperGeist ist ein unglaublich komplexes System aus mentalen, emotionalen und physischen dynamischen Interaktionen. Techniken wie dieses BodyTalk-System stellen endlich effektive Möglichkeiten zur Verfügung, diese Interaktionen zu vereinfachen und ihre negativen Elemente schnell und anhaltend zu reduzieren.

Wir lesen oft Artikel, in denen Psychologen Menschen in anderen Heilberufen kritisieren, wenn diese emotionale Störungen behandeln, ohne in klassischer Psychologie ausgebildet zu sein. Wenn man jedoch bedenkt, dass fast alle Krankheiten eine emotionale Komponente haben und erst heilen können, wenn diese Komponente integriert ist – würde das dann bedeuten, dass kein Arzt, sondern nur ein Psychologe therapeutisch tätig sein dürfte? Sicher würde kein Psychologe abstreiten, dass emotionale Gesundheit und körperliche Erkrankungen eng miteinander verbunden sind und gemeinsam behandelt werden müssen.

BodyTalk stellt eine sichere Methode zur Verfügung, um mit dieser schwierigen Situation klarzukommen. Immer, wenn der emotionale Zustand so ernst ist, dass die spezielle Unterstützung durch einen Psychologen gefragt ist, wird die innere Weisheit des Körpers das klar zum Ausdruck bringen. Ich habe schon mehrere Klienten zum Psychiater geschickt, weil sie die Unterstützung eines Spezialisten brauchten.

Kapitel 10

Bei welchen Störungen kann BodyTalk helfen?

BodyTalk-Protokoll – Modul 2

GrundBalance des Gehirns – Das dreigliedrige Gehirn

Zu den grundlegenden Techniken für das Gehirn gehören der Ausgleich und die Vernetzung von drei Hauptbereichen: der Großhirnrinde, des limbischen Systems und des Reptiliengehirns. Dies ist sehr wichtig, um die Grundfunktionen des Gehirns zu koordinieren und es zu befähigen, die KörperGeist-Einheit zu kontrollieren. Bei den fortgeschrittenen BodyTalk-Anwendungen werden wir uns ausführlicher mit der GrundBalance des Gehirns und mit der Reparatur der Gehirnfunktionen befassen. Dieser Abschnitt der BodyTalk-Balance entwickelt sich zurzeit zu einem der wichtigsten Bereiche in unserer fortgeschrittenen BodyTalk-Praxis.

Gary

Gary war 12 Jahre alt und hatte große Koordinationsschwierigkeiten. Seine Fähigkeiten im Sport und bei der Rechtschreibung waren extrem behindert. Er hatte sogar Schwierigkeiten, seine Hände schnell zu öffnen und zu schließen. Seine innere Weisheit führte mich zu seinem Gehirn, wo ich herausfand, dass das motorische Zentrum auf der linken Gehirnseite nicht gut mit dem Kleinhirn verbunden war. Fünf Minuten, nachdem ich die Vernetzung wiederhergestellt hatte, konnte Gary seine Hände schneller bewegen. Im Laufe der nächsten Wochen verbesserte sich seine motorische Koordination beträchtlich.

Jenny

Jenny, eine fünfzigjährige Mutter von sieben Kindern, kam wegen ihrer Rückenprobleme zu mir. Während der routinemäßigen Balance wurde ich angeleitet, zwei Gehirnbereiche zu vernetzen – den linken sensorischen Bereich mit dem rechten Vorderlappen. Nach einigen Minuten wurde Jenny ganz aufgeregt und erklärte, dass ihr Gehirn wieder funktioniere.

Sie erklärte, dass sich ihr Gehirn seit der Geburt ihres zweiten Kindes wie in einem Nebel angefühlt hatte. Sie konnte nicht mehr klar denken und fürchtete insgeheim, an Alzheimer erkrankt zu sein. Sie hatte mir nie davon erzählt, weil sie es nach so vielen Jahren als ihren Normalzustand angesehen hatte. Trotz dieser Einstellung hatte mich ihre innere Weisheit angeleitet, das Problem zu korrigieren und ihr so die Tür zu einem neuen Lebenskapitel zu öffnen.

Umgebungsfaktoren

- Untersuchen der Vernetzung zwischen dem Patienten und möglichen Einflussfaktoren in seinem Umfeld. (Umweltfaktoren umfassen Menschen, Tiere, Chemikalien, Objekte und stressauslösende Situationen).
- Vernetzung des Körpers mit dem Umfeld/der Umwelt
- *Vivaxis*

Die Umgebung ist ein entscheidender Bereich im Body-Talk. Bis zu diesem Punkt haben wir die gestörten Beziehungen innerhalb der KörperGeist-Einheit aufgezeigt und sie neu vernetzt, um Harmonie und

Synchronizität herbeizuführen. Wir müssen allerdings daran erinnern, dass der KörperGeist Teil eines größeren, ihn umgebenden Systems ist – der Welt. Auch in dieser gibt es Wechselbeziehungen, die synchronisiert werden müssen, damit jeder ihrer Teile besser funktioniert. Der Anwender wird sehr häufig feststellen, dass der Körper nicht vollständig heilen kann, bevor die ungeklärten Konflikte mit Menschen und anderen Faktoren in der Umgebung des Klienten nicht vernetzt und harmonisiert worden sind.

Unser KörperGeist und die Menschen, die Objekte, Chemikalien und so weiter, die ihn umgeben, stehen in dynamischen Beziehungen zueinander. Der BodyTalk-Anwender kann feststellen, was mit all diesen Faktoren nicht in Ordnung ist und was man daran ändern kann. Immer wieder sind mir Menschen begegnet, die auf eine gute Therapie nicht wirklich ansprechen konnten, weil ihr Organismus mit ihrer direkten Umgebung nicht in Harmonie stand.

John

Der siebenjährige John litt unter leichtem Asthma und unter allen möglichen Allergien. Seine Lungen waren schwach und er steckte sich leicht an. Er war ziemlich erfolgreich mit Akupunktur und Homöopathie behandelt worden, erlitt jedoch einen Rückfall, als die regelmäßigen Behandlungen abgebrochen wurden.

Viele Vernetzungen mussten in Johns Körper wiederhergestellt werden und auch sein Immunsystem, das unter den Auswirkungen von Impfschäden gelitten hatte, bedurfte der Reparatur. Doch die größte Veränderung fand statt, als seine Beziehung zu seiner Umgebung untersucht wurde. In Bezug auf seine Mutter, die ein besorgter, liebevoller, aber überfürsorglicher Mensch war, fiel die Antwort schwach aus. Das wies darauf hin, dass sie seine Lungen „erdrückte“, und das überforderte seine Nebennieren. Nachdem ich die Korrektur ausgeführt hatte, verbesserte sich seine Atmung sofort. Zehn Minuten später war Farbe in seine Wangen zurückgekehrt und er sah völlig verändert aus.

Norman

Norman litt seit neun Monaten unter heftigen Kopfschmerzen. Das BodyTalk-Protokoll führte mich direkt zu den Umweltfaktoren. Dabei ging es nicht um Menschen, sondern um einen Gegenstand. Wir konnten die Suche auf sein Auto eingrenzen. Da fiel ihm ein, dass er immer Kopfschmerzen bekommen hatte, wenn er in seinem Wagen gefahren war. Auch war ihm klar, dass er das Autofahren in letzter Zeit sehr unangenehm fand.

Weitere Fragen ergaben, dass er vor einem Jahr bei einem Autounfall ziemlich schwer verletzt worden war. Sein jetziger Wagen war derselbe, in dem er auch den Unfall erlebt hatte. Es stellte sich heraus, dass er in Verbindung mit diesem Auto aktive Erinnerungen hatte, die ihm bösen Schaden zufügen konnten.

Norman wurde in Bezug auf sein Auto balanciert und die aktive Erinnerung wurde durch eine emotionale BodyTalk-Balance unterbrochen. Seine Kopfschmerzen hörten sofort auf und er konnte weiterhin dasselbe Auto fahren.

Vivaxis

Auch Vivaxis wird später noch genauer erklärt (in Kap. 12). Kurz gesagt hat die Vivaxis-Technik die Aufgabe, den Körper wieder an sein Umfeld anzupassen. Viele Menschen sind mit den sie umgebenden Energiefeldern, das heißt den Magnetfeldern der Erde, nicht im Einklang. Das scheint hauptsächlich diejenigen Menschen zu betreffen, die nicht an ihrem Geburtsort leben und deshalb neuen Energiefeldern ausgesetzt sind, an die sie sich nicht anpassen konnten. Die wichtigsten Auswirkungen einer Vivaxis-Desorientierung scheinen darin zu bestehen, dass chronische Krankheiten im Körper festgehalten werden und der Betroffene zu Heimweh neigt. Beim Jetlag ist diese Methode ebenso hilfreich wie bei Umzügen in ein neues Umfeld.

Ann

Ann litt unter einem Fibromyalgie-Syndrom (Faser-Muskel-Schmerz-Erkrankung, auch Weichteilrheuma genannt), das auf keine der vielen Behandlungen und Methoden reagierte, die sie ausprobiert hatte. Sie erzählte mir außerdem, dass sie immer noch Heimweh hatte und sich wie ein Fisch auf dem Trockenen vorkam, obwohl sie schon seit dreiundzwanzig Jahren in Australien lebte und ihre ganze Familie dort war.

Nach der Vivaxis-Korrektur verschwand das Heimweh und kehrte nie zurück. Außerdem begannen ihre Balancen gut anzuschlagen.

Zellreparatur

- Impfstoffe (durch Impfstoffe verursachte Schäden).
- Vererbung (Ansprechen von Erbkrankheiten, wenn möglich).
- Angehäufte zelluläre Zerstörung (Reparieren der Schäden, die im Lauf des Lebens durch chemische, physische oder emotionale Traumen entstanden sind).

Dies ist eine der neueren Entwicklungen im BodyTalk und ich bin immer noch dabei, den Umfang ihrer Möglichkeiten zu entdecken. Die Technik wurde ursprünglich entwickelt, um dem Körper zu helfen, sich von Impfschäden zu erholen. Viele Mütter haben erlebt, dass ihre Kinder nach Impfungen unter Beschwerden leiden. Nicht alle Kinder sind davon betroffen, doch der

Prozentsatz ist beunruhigend hoch. Es scheint, dass manche Kinder auf das Basisprodukt, auf dem der Impfstoff gezüchtet wurde, allergisch reagieren. Manche Impfstoffe werden zum Beispiel auf Eiweiß gezüchtet. Wenn das Kind keine Eier verträgt, kommt es zu einer allergischen Reaktion, die das Immunsystem zu dem Zeitpunkt schwächt, da der Körper dem Impfstoff ausgesetzt ist. Das führt anscheinend zu Störungen des Immunsystems und das Kind entwickelt verschiedenste Nahrungsunverträglichkeiten und Allergien. Diese wiederum wirken sich auf die Stimmung, die Konzentrationsfähigkeit und den allgemeinen Gesundheitszustand des Kindes aus.

Mit dieser Technik kann der BodyTalk-Anwender den Schaden anscheinend beheben. Impfschäden betreffen natürlich auch Erwachsene und sind weitaus häufiger, als die offiziellen Stellen zugeben wollen.

In der Praxis habe ich entdeckt, dass diese Technik auch bei vielen anderen Formen der Zellschädigung wirksam ist, wie zum Beispiel bei offensichtlichen genetischen Schwächen. Ich fand es ermutigend, dass diese Technik in mehreren Fällen von vererbten Störungen gute Resultate gezeigt hat, und es erfüllt mich mit Freude, diesen Bereich weiter zu erforschen.

Susan

Susan hatte schon lange mit einem geschwächten Immunsystem zu kämpfen. Sie schien sich jede Krankheit zu holen, die gerade umging, und Bluttests zeigten, dass sie einen chronischen Virus hatte. Sie litt unter schweren hormonellen Störungen und einem chronischen Erschöpfungssyndrom.

Ihre innere Weisheit sagte mir, dass ihre Probleme mit einer Impfung begonnen hatten, als Susan dreizehn Jahre alt war. Sie begann sofort zu weinen, weil sie sich lebhaft daran erinnerte, was geschehen war, und an all die Jahre denken musste, in denen die Ärzte ihr gesagt hatten, dass es sich um einen Zufall handelte. Damals lebte sie in South Carolina, wo gerade die Angst vor der „Schweinegrippe“ umging. Hunderte wurden geimpft und viele landeten wegen einer Serie von Infektionen im Krankenhaus – genau wie Susan. Obwohl man ihr erklärte, dass es sich nicht um Schweinegrippe handele und der Zeitpunkt reiner Zufall sei, war für sie klar, dass ihre Krankheit mit jener Impfung begonnen hatte.

Nachdem ich die Zellreparatur bei ihr durchgeführt hatte, trat umgehend die Genesung ein. Susan erfreut sich heute eines normalen, gesunden Immunsystems.

Lymphsystem

- Balance der Lymphknoten im Hals-, Brust-, im subdiaphragmalen Milzbereich, im Bauchraum und der Leistengegend.

Bei vielen Menschen ist das Lymphsystem gefährlich träge und braucht einen „Frühjahrsputz“. Oft sind die Lymphgefäße blockiert, sodass sich die Lymphe im Gewebe ansammelt. Dann werden Abfallstoffe nicht gründlich aus den Zellen abtransportiert und die Zellen funktionieren nicht mehr richtig. Das bereitet auch den Boden für Infektionen und lokalen Zellverfall.

Besonders im Beckenbereich der Frauen ist das von großer Bedeutung. Wenn das Lymphsystem träge wird, dann kann das Östrogen nicht gut zirkulieren und das Fortpflanzungssystem wird nicht richtig entwässert. Das führt üblicherweise zu Symptomen wie Stauungen im Beckenbereich, Endometriose, Eierstockzysten, Fehlfunktionen der Eierstöcke, zu schmerzhafter Mensis, zu unregelmäßigen und unnormalen Perioden und Verklebungen im Bereich der Gebärmutter, die zu Schmerzen beim Geschlechtsverkehr und zu Verdauungsproblemen führen.

Wenn der Lymphfluss des Zwerchfells behindert ist, verringert das den Abfluss von Lymphe aus Lunge und Herz, was zu chronischer Lungenschwäche und Blutandrang im Herzen führt.

Sind die wichtigsten Lymphgefäße beeinträchtigt, so wird das gesamte Lymphsystem gestört und der Lymphfluss durch den Körper ist reduziert und träge. Wasseransammlungen treten auf und die Gesundheit verschlechtert sich.

Das BodyTalk-System stellt ein einfaches Verfahren zur Verfügung, welches den Körper dazu anregt, das Lymphsystem zu reinigen.

Jane

Im Zeitraum zwischen Eisprung und Menstruation litt Jane seit Jahren unter geschwollenen und empfindlichen Brüsten. Ihre Regel war heftig und schmerzhaft. Schließlich bemerkte sie, dass ihre Lymphknoten anzuschwellen begannen. Ihr Arzt fand heraus, dass diese Schwellungen nicht bösartig waren, riet Jane aber, sie vorsichtshalber entfernen zu lassen. Er erklärte ihr, dass damit zwar die Knoten, nicht aber ihre Probleme mit Schwellungen und Schmerzen verschwinden würden.

Mit Hilfe des BodyTalk Systems wurden Vernetzungsprobleme zwischen ihrer Hypophyse und den Eierstöcken, den Nebennieren und den Eierstöcken sowie der Leber und den Eierstöcken entdeckt. Die Lymphtechnik wurde ebenfalls angewandt. Neun Tage später waren die Knoten verschwunden und während ihrer nächsten Periode waren die Schwellungen und die Schmerzen in der Brust etwas geringer. Einen Monat später waren nach einer weiteren BodyTalk-Balance alle Beschwerden verschwunden.

Nerven- und Kreislaufsystem

- Vernetzen des Gehirns zu Körperteilen, Organen und Drüsen; Nervenversorgung der betreffenden Körperteile.
- Vernetzen der sympathischen und parasympathischen Nervenversorgung zu den Organen, Drüsen oder Körperteilen.
- Vernetzen des Herzens (Kreislauf) zu Körperteilen, Organen und Drüsen, Blutversorgung der betreffenden Körperteile.

Im ersten Schritt werden das Gehirn und das zentrale Nervensystem mit den verschiedenen Körperteilen vernetzt. Die Verbindung zur westlichen Medizin und den Prinzipien der Chiropraktik sind eindeutig, denn die Bedeutung des Nervensystems für alle Körperfunktionen ist allgemein anerkannt. Diese Vernetzungen unterstützen den richtigen Fluss durch die Nervenbahnen und balancieren alle Körperteile aus.

Im zweiten Schritt wird der Blutkreislauf mit den verschiedenen Körperteilen verbunden, um den Blutfluss zu den jeweiligen Organen, Drüsen und Körperteilen zu fördern. Das führt zu dramatischen Verbesserungen bei der Durchblutung und der Funktion aller betroffenen Bereiche. Bei vielen Fällen von Kreislaufstörungen in Händen und Füßen wurde die Durchblutung nach ein oder zwei Balancen wieder voll hergestellt.

Energiesysteme

- *Vernetzen der 7 Chakren*
- Vernetzen der 49 Subchakren
- Balance der Meridianpulse
- Pankreas-Trigger-Punkt

Die sieben Chakren vernetzen
Die sieben Chakren, ihre Funktionen und ihre Vernetzung werden in Kapitel 18 genauer besprochen.

Meridiane und Zucker ausgleichen

- Die 12 Meridianpulse ausgleichen.
- Den Reflexpunkt der Bauchspeicheldrüse ausgleichen.

Diese Techniken ermöglichen es dem BodyTalk-Anwender, die Meridiane des Körpers in der Reihenfolge auszugleichen, die der Körper vorgibt.

Das braucht nur wenige Minuten und kann dramatische Auswirkungen auf das gesamte KörperGeist-System haben. Die Auswirkungen des Meridianausgleichs sind in der Akupunktur gut dokumentiert. Die entsprechende BodyTalk-Technik bringt dieselben Resultate, nur ohne Nadeln.

Muskel-Skelett-System

A. Extrinsische Balance – Reziproke Abschnitte

OBERE KÖRPERHÄLFTE –
UNTERE KÖRPERHÄLFTE

1. Schulteroberkante – Beckenkamm
2. Schultereckgelenk – Hüftgelenk
3. Vordere Achselhöhle – Leistenbeuge
4. Hintere Achselhöhle – Sitzbeinhöcker
5. Ellbogengelenk – Kniegelenk
6. Handgelenk – Fußgelenk
7. Bauchnabel – Steißbein

KOPF – KÖRPER

8. Nasenrücken – Schwertfortsatz
9. Schläfenbein – Hüftknochen
10. Jochbein – Schambeinkante
11. Mund – Bauchnabel

12. Ohr – Achselhöhle
13. Auge – Brustwarze

KOPF – WIRBELSÄULENKOMPLEX

14. Kiefergelenk – Iliosakralgelenk
15. Keilbein – Steißbein
16. Hinterhaupt – Kreuzbein
17. Obere Wirbelsäule – Untere Wirbelsäule

B. Intrinsische Balance – tiefer Kontakt der Muskelfaszien, um spezifische Reparaturen in einem Körperbereich anzuregen

Im folgenden Abschnitt von BodyTalk befasse ich mich mit zwei wichtigen Systemkonzepten. Da es sich dabei um eine willkürliche Aufteilung innerhalb eines unteilbaren Komplexes handelt, werde ich sie einfach als *extrinsisches* (äußeres) und *intrinsisches* (inneres) System bezeichnen.

Das *extrinsische* System bezieht sich auf die Oberflächenenergie des Körpers, die auch das Konzept der (schützenden) Wei-Energie der traditionellen chinesischen Medizin sowie die schützenden und integrativen Aspekte des magnetischen Feldes umfasst, das den Körper umschließt und mit dem die moderne Bioenergetik arbeitet.

Das *intrinsische* System bezieht sich auf die Kommunikation im Inneren des Körpers entlang der Bindegewebe und Faszien. In diesem System speichern wir die Körpererinnerungen und -emotionen.

An diesem Punkt beschäftigen wir uns mit dem äußeren System in Bezug auf eine seiner Hauptfunktionen: die Aufgabe, eine schnelle Kommunikation zwischen den verschiedenen Körperteilen zu ermöglichen.

Diese Form der Kommunikation ist schneller als diejenige entlang der Nervenbahnen und Meridiane.

Diese äußere Energie ...

- fließt direkt über die Haut, auf ihrer Oberfläche und direkt darunter;
- stellt ein Kommunikationsnetzwerk zur Verfügung, das über freiere und flexiblere Wege verfügt als seine langsameren und eingeschränkteren Verwandten im Inneren des Körpers.

Die Energie kommuniziert durch den Schädel mit dem Gehirn und ihre hauptsächlichen Eintritts- und Austrittspunkte sind über den ganzen Körper und besonders an den Gelenken verteilt.

Diese Punkte arbeiten meistens paarweise und scheinen den Stromkreisunterbrechern eines elektrischen Systems zu ähneln. Ein solches Paar befindet sich normalerweise auf den gegenüberliegenden Seiten sowie an den gegenüberliegenden Enden des Körpers. Das wären dann zum Beispiel das rechte Knie und der linke Ellbogen, die linke Hüfte und die rechte Schulter und so weiter. Sie werden die reziproken Abschnitte genannt.

In diesem Abschnitt von BodyTalk erfragen wir den Zustand dieser „Stromkreisunterbrecher" und balancieren sie, wenn sie nicht in Ordnung sind. In der Praxis scheint dieser Aspekt Fehlkommunikationen im Körper zu korrigieren und entschieden zur Heilung beizutragen.

Als einfaches Konzept könnte man sich eine Situation vorstellen, in welcher der Organismus durch Stress oder eine Erkrankung überladen ist und einer dieser Unterbrecher ausgefallen ist. Das zwingt den Körper, auf einem schwächeren Notkreislauf zu arbeiten, bis die Krise überstanden ist. In vielen Fällen erholt sich der Klient nie mehr ganz oder das System kann die betroffenen Unterbrecher nicht wiederherstellen. Dann neigt es zu ständigen Fehlfunktionen und der Körper des Klienten wird auf Kosten der Gesundheit übermäßig belastet. Weil der allgemeine Gesundheitszustand des Körper-

Geist-Systems von einer guten Kommunikation abhängig ist, darf die Bedeutung dieser Unterbrecher nicht unterschätzt werden. Unser KörperGeist muss im wahrsten Sinne des Wortes in der Lage sein, mit sich selbst zu reden. Und wir stellen diese Kommunikation wieder her – deshalb auch der Name BodyTalk!

Die Wiederherstellung aller funktionsgestörten Unterbrecher mit Hilfe des BodyTalk-Systems:

- hat große Auswirkungen auf die Gesundheit.
- erhöht den allgemeinen Energiepegel.
- hebt die Stimmung des Klienten und verstärkt seine Entscheidungsfähigkeit (möglicherweise eine Nebenwirkung der allgemeinen Energieverstärkung).
- gleicht das Energiesystem der Meridiane weitgehend aus.
- hat dramatische Auswirkungen auf die Gesamtstruktur des Klienten (das geschulte Auge wird bedeutsame Haltungsverbesserungen ausmachen).
- verbessert den gesamten Blutkreislauf und den Lymphtransport im Körper (wahrscheinlich auf Grund der besseren Haltung).
- verbessert den gesamten Atemzyklus.
- reduziert alle Muskelverspannungen im Körper (auch auf Grund der verbesserten Haltung).
- verbessert das Verdauungssystem (auf Grund aller obigen Faktoren sowie der verbesserten Kommunikation innerhalb der KörperGeist-Einheit).
- gleicht die Funktion des Nervensystems aus (wie die klinischen Ergebnisse bei vielen neurologischen Störungen beweisen).

Es scheint, dass die Korrektur eines Unterbrechers nicht nur lokale Auswirkungen hat. So korrigiert die Berichtigung der Ellbogen-Knie-Verbindung nicht unbedingt ein arthritisches Knieproblem. Diese Techniken werden benutzt, um den gesamten Bewegungsapparat des Körpers (das heißt die Muskel- und Knochenstruktur) auszugleichen. Durch die Vernetzung der reziproken Abschnitte an den gegenüberliegenden Körperstellen kann der BodyTalk-Anwender das Gehirn anregen, die normale Funktion der mechanischen Systeme des Körpers wiederherzustellen. Das zeigt direkte Auswirkungen auf Beschwerden an der Wirbelsäule, auf Arthritis sowie auf chronische und akute Verletzungen.

Bodyworker haben außerdem festgestellt, dass die Struktur des Körpers große Auswirkungen auf seine Funktionen hat. Die Korrektur der reziproken Abschnitte wirkt sich auch deutlich auf die Physiologie des Körpers aus.

Ich könnte diesem Abschnitt ein eigenes Buch widmen, weil er solch ein großes Gebiet abdeckt. Hier werden Arthritis, Muskel- und Gelenkprobleme, Prellungen, Schnitte, Verstauchungen und Sportverletzungen an den tiefen Faszien, Muskeln und Knochen des Körpers mit BodyTalk balanciert und die Rehabilitation unterstützt.

Das Schema der Balancen ist so einfach, dass die Techniken schnell erlernt werden können. Der Schlüssel liegt in der Vernetzung der Teile. Wenn der Fußknöchel verletzt ist, wird die innere Weisheit mit Hilfe der Kommunikation befragt, mit welchem Teil der Fußknöchel vernetzt werden soll. Manchmal wird das sein reziprokes Gegenüber, der gegenüberliegende Handknöchel, sein. Oder es kann sich um ein Organ, eine endokrine Drüse, ein Körpergewebe, einen Teil des Gehirns oder eine emotionale Vernetzung handeln. Denken Sie an die Beziehung zwischen Emotionen und Gelenken, die wir oben besprochen haben. Wenn alle Vernetzungen wiederhergestellt sind, wird der Fußknöchel schneller und vollständiger heilen als sonst.

Durch BodyTalk habe ich herausgefunden, dass die meisten Verletzungen auf Stress und Emotionen basieren, die den Klienten dafür anfällig machen, sich an einer bestimmten Stelle zu verletzen. Wenn eine Person zum Beispiel versucht, einen wichtigen neuen Schritt in ihrem Leben zu machen, und sich nur schwer entscheiden kann, dann ist sie anfällig für Verletzungen des Fußknöchels. Wenn sie sich dann verletzt hat, wird der Knöchel am besten balanciert, indem er zum einen mit den Organen vernetzt wird, die mit Entscheidungen (Gallenblase) oder Besorgnis (Bauchspeicheldrüse) zu tun haben, zum anderen mit allen aktiven Erinnerungen, die sich auf die Entscheidung beziehen. Die Betroffene plant vielleicht eine zweite Ehe und ihre aktiven Erinnerungen beziehen sich auf ihre erste Ehe, die ein einziges Missgeschick war. Diese Emotionen behindern ihre Entscheidung und belasten das Gebiet um den Fußknöchel. Damit wird sie für Verletzungen anfälliger.

Wenn der verletzte Knöchel mit herkömmlichen Therapien behandelt wird, kommt es häufig zu Komplikationen, welche die Heilung verzögern. Die Person wird sich dann vielleicht ein zweites Mal am Knöchel – oder an seinem Gegenüber, dem Handgelenk, verletzen. Das BodyTalk-System macht sich das tiefe innere Wissen des Klienten zu Nutze, um sicherzustellen, dass alle auslösenden Faktoren sowie die Verletzung selbst vollständig balanciert werden. Das ist wahre Heilung, die mit Sicherheit zu derjenigen Art von Heilung gehört, die wir im 21. Jahrhundert entwickeln werden.

Pam

Die dreißigjährige Pam litt unter einer Skoliose (also Verkrümmung der Wirbelsäule) im fortgeschrittenen Stadium. Sie wurde dadurch sehr eingeschränkt und hatte ständig Schmerzen. Der Bewegungsumfang ihres Körpers war so begrenzt, dass ihr selbst Stehen und

Gehen schwer fielen.

Nach dem Ausgleichen ihrer reziproken Abschnitte konnte ihr Körper sehr viel besser mit der Skoliose umgehen. Innerhalb der nächsten sechs Monate erweiterte sich Pams Bewegungsradius stetig, ihr Schmerz verringerte sich und ihre Muskelkraft nahm insgesamt zu.

Ein Jahr später konnte Pam ohne Schmerzen gehen, längere Zeit stehen und hatte sogar begonnen, Volleyball zu spielen. Ihre Schultern und ihr Becken waren besser ausgerichtet und die Krümmung der Wirbelsäule war zurückgegangen.

Die letzten beiden Kapitel haben Ihnen einen Eindruck von der Bandbreite vermittelt, in der BodyTalk eingesetzt werden kann. In den nächsten Kapiteln werde ich Ihnen einige Techniken erklären, die leicht zu lernen und sicher in der Anwendung sind. Ich schlage Ihnen vor, sie selbst auszuprobieren und die Magie von BodyTalk zu entdecken. Finden Sie selbst heraus, wie die Gesundheitsfürsorge der nächsten Jahre aussehen könnte und sollte.

Ich muss Sie allerdings warnen, dass Sie mit den wenigen Techniken, die Sie hier lernen, nicht immer die größten Resultate erzielen werden. So kann die Allergiebalance zwar wirklich spektakulär sein, hält jedoch nicht in allen Fällen lange vor, weil auch die auslösenden Faktoren einer Allergie berücksichtigt werden müssen. Das sind in den meisten Fällen die emotionalen Komponenten. In diesem Fall sollten Sie die Hilfe eines BodyTalk-Anwenders suchen, der das gesamte System kennt, oder Ihren Hausarzt aufsuchen.

Die Techniken auf den folgenden Seiten können Ihr Leben verändern. Ich habe viele E-Mails von begeisterten Menschen erhalten, die ein paar einfache Techniken von meiner Website gelernt und ihren Familienmitgliedern oder Freunden damit auf beeindruckende Weise geholfen haben. Letzten Endes hoffe ich, dass dieses Buch manche von Ihnen dazu anregen wird, eine BodyTalk-Ausbildung zu machen und so dazu beizutragen, diese Welt zu einem Ort zu machen, an dem es sich sicher und gesund leben lässt.

Kapitel 11

SB-Verbindung

Die Abkürzung SB steht für *spheno-basilar.* Damit bezeichnen wir einen Teil des Schädels, der oft fälschlich als Gelenk bezeichnet wird: die knorpelige Verbindung zwischen dem Keilbein *(os sphenoidale)* und dem *pars basilaris* des Hinterhaupts, auch Türkensattel genannt, die bei gesunden Menschen beweglich ist. Diese Verbindung ist für uns von Interesse, weil sie eine wichtige Rolle beim Atemzyklus und bei der Funktion der Hypophyse spielt.

Die SB-Verbindung bewegt sich in Übereinstimmung mit unserer Ein- und Ausatmung auf und ab. Diese äußerst feine Bewegung wirkt sich auf die Versorgung des Gehirns, den Atemzyklus und die Funktion der Hypophyse aus, die das endokrine System regiert. Hier muss angemerkt werden, dass es zwei verschiedene Rhythmen gibt, in denen sich der Schädel bewegt. Zum einen ist das der Atemrhythmus, zum anderen der kraniale Rhythmus, den die Kraniosakrale Körpertherapie beschreibt.

Der kraniale Puls unterscheidet sich vom Atemzyklus und sein Rhythmus überlagert ihn. Das Gehirn hat sehr komplexe Bewegungsmuster, welche die Vielschichtigkeit seiner Funktionen spiegeln.

Wenn die Bewegungsfähigkeit der SB-Verbindung eingeschränkt ist, hat das tief gehende Auswirkungen auf das Gehirn und die allgemeinen Körperfunktionen. Es gibt viele Faktoren, welche die Beweglichkeit dieser Verbindung einschränken können.

Eine häufige Ursache dafür sind zum Beispiel Stöße oder Schläge, die den Kopf in einem ungünstigen Winkel treffen. Man kann sich tausend Mal den Kopf stoßen, ohne dass es schadet. Stößt man sich den Kopf aber in einer bestimmten Position und einem bestimmten Winkel, können schwere Schäden die Folge sein. Ein typisches Beispiel wäre jemand, der aus der Hocke aufsteht und mit der Schädeldecke irgendwo anstößt. Trifft der Schlag genau dort auf die Schädelnaht, wo der Frontalknochen auf die beiden Scheitelknochen trifft, dann wird die SB-Verbindung beeinträchtigt. Trifft er auch nur einen Millimeter daneben, kann nichts passieren!

Außerdem kann eine SB-Blockade durch emotionale Auslöser entstehen. Wenn Sie als Kind häufig vor Schreck zusammengezuckt sind und ständig Angst vor Bestrafung hatten, führt das langfristig zu einer SB-Blockade. Nehmen wir zum Beispiel den vierjährigen Peter, der im Küchenschrank nach Keksen stöbert. Plötzlich schallt die Stimme seines Vaters laut in sein Ohr: „Was machst du denn da?!“ Peter zuckt zusammen, atmet heftig ein und hält die Luft an. Wiederholt sich dieses Muster in ähnlichen Situationen und die Angst vor den Konsequenzen wird gespeichert, so wird die SB-Verbindung *nach oben blockiert*. Dann wird Peter immer dazu neigen, tief und normal einzuatmen, ohne richtig auszuatmen. Die Atemaktivität hat damit zu tun, vollständig loszulassen.

Peter wird es sich angewöhnen, in seinem Leben nie loszulassen, weil er ständig glaubt, es könnte plötzlich ein Donnerwetter über ihn hereinbrechen. Er wird eine defensive Persönlichkeit entwickeln, hyperaktiv und emotional angespannt sein und nie entspannen können. Das wird seine Gesundheit und jeden Aspekt seines Lebens auch weiterhin beeinflussen – bis ins Erwachsenenalter.

Im entgegengesetzten Fall wird ein Fußballer an dieselbe Stelle getreten, von der oben die Rede war. Dadurch wird die SB-Verbindung *nach unten blockiert* und der Fußballer erholt sich nie wieder richtig davon. Er kann nicht tief einatmen und atmet zu leicht und zu schnell aus. Er entwickelt eine depressive Einstellung zum Leben und verliert den „Funken", der einen guten Athleten aus ihm gemacht hatte. Sein Körper neigt zu Unterfunktionen und es wird ihm vorkommen, als müsse er sich durch das Leben schleppen.

Das sind extreme Beispiele. Die meisten von uns liegen irgendwo dazwischen. Manche Menschen sind sogar in beide Richtungen blockiert und zeigen beide Arten von Symptomen! Die Beweglichkeit der SB-Verbindung kann auch durch alltägliche Stressreaktionen eingeschränkt werden. Ich werde das später genauer besprechen. Die Hypophyse befindet sich direkt unter der SB-Verbindung, durch deren Beweglichkeit ihre Durchblutung und Versorgung beeinflusst wird. Das ist von größter Wichtigkeit für die Funktion der Hypophyse. Die Hypophyse gilt als die übergeordnete Drüse des gesamten Drüsensystems, und jedes Hypophysenproblem kann Auswirkungen auf den gesamten Körper haben und die verschiedensten hormonellen Symptome mit sich bringen.

Auf Grund ihrer Auswirkung auf die Atmung hat der BodyTalk-Anwender ein besonderes Interesse an einer frei beweglichen SB-Verbindung. Sie werden sich erinnern, dass in einem der vorhergehenden Kapitel erklärt wurde, wie wichtig der Atemzyklus für BodyTalk ist, denn nur über ihn kann das Gehirn erfahren, welche Frequenzen im Körper korrigiert werden müssen. Ein gesunder Atemzyklus leistet außerdem einen wichtigen Beitrag zur Heilung des Körpers. Im Yoga heißt es: „Vollkommener Atem, vollkommene Gesundheit."

Wenn ein Mensch voll durchatmet, kann sich das

Zwerchfell frei auf und ab bewegen. Diese Zwerchfellbewegung ist für die Funktion des Verdauungssystems von allergrößter Bedeutung, denn sie massiert die Verdauungsorgane und stimuliert ihre Funktionen. Bei Menschen mit eingeschränkter Atmung ist die Verdauung behindert und die Betroffenen leiden oft seit Jahren unter Verdauungsproblemen, Energiemangel, vermindertem Leberstoffwechsel, schlechter Zuckerverdauung und vielen ähnlichen Problemen. Es gibt zwar viele andere Ursachen für eine schlechte Verdauung, doch die SB-Verbindung sollte nicht übersehen werden. Im späteren Teil des BodyTalk-Protokolls wird auch eine spezifische Zwerchfellbalance vorgestellt.

Sie können nun sicher verstehen, warum es mir so wichtig ist, dass die SB-Verbindung zu Beginn einer BodyTalk-Balance korrigiert wird. Eigentlich sollte sie vor *jeder Art* von Balance als erstes korrigiert werden. Nach der SB-Korrektur wird das Gehirn besser versorgt, die Hypophyse und das endokrine System funktionieren besser und der Atemzyklus ist verbessert. Das kann man feststellen, indem man das Atemvolumen vor und nach der Balance mit einem Spirometer misst.

Die Korrektur der SB-Verbindung ist sehr einfach. Bevor Sie die entsprechende Fragestellung durchführen, müssen Sie Ihre Klienten auf die Ja-Nein-Befragung vorbereiten (s. Kapitel 7). Ist das geschehen, können Sie weitermachen.

Fragestellung bei SB-Problemen

- Bitten Sie den Klienten, tief einzuatmen, und fragen Sie: „Hat die SB-Verbindung Priorität?" Wenn ein *Ja* (schwach) kommt, besteht das Problem in einer nach unten blockierten SB-Verbindung (wie bei dem Beispiel mit dem Schlag auf den Kopf).
- Dann bitten Sie den Klienten, vollständig auszuatmen,

und fragen wieder: „Hat die SB-Verbindung Priorität?" Wenn ein *Ja* (schwach) kommt, besteht das Problem in einer nach oben blockierten SB-Verbindung (der typische Reflex des erschreckten Kindes).

Wie schon gesagt fällt die Fragestellung bei manchen Menschen in beiden Fällen schwach aus. Bei einigen ist die Schwäche nur minimal, bei anderen sehr ausgeprägt, was auf ein schweres Problem hindeutet.

Die Balance ist in allen Fällen dieselbe. Ganz gleich, in welche Richtung die Schwächung geht oder ob beide Richtungen geschwächt sind, die Balance korrigiert alles. Denken Sie daran, dass Sie mit BodyTalk keinen Schaden anrichten können. Wenn die Klienten keine SB-Probleme haben und trotzdem balanciert werden, passiert gar nichts.

Balance der SB-Verbindung

- Bitten Sie den Klienten, mit dem Zeigefinger den harten Gaumen (obere Innenseite des Mundes) am Übergang zum weichen Gaumen zu berühren.
- Legen Sie Ihren Finger auf den Hypophysenpunkt (H-Punkt) an der Nasenwurzel am Übergang zur Stirn.
- Während die beiden Punkte gehalten werden, tippen Sie mit Ihrer freien Hand auf dem Kopf und dem Brustbein des Klienten und bitten ihn, dabei je einen tiefen Atemzug zu machen.

Es gibt zwei Möglichkeiten, das Tippen durchzuführen. Einige Anwender bevorzugen es, während des ersten Atemzuges auf dem Kopf und während des zweiten Atemzuges auf dem Brustbein zu tippen. Andere Anwender wechseln alle paar Sekunden zwischen Kopf und Brustbein hin und her. Beide Methoden funktionieren. Wichtig ist nur zu beachten, dass die Finger den Kopf beiderseits der Scheitelnaht abdecken.

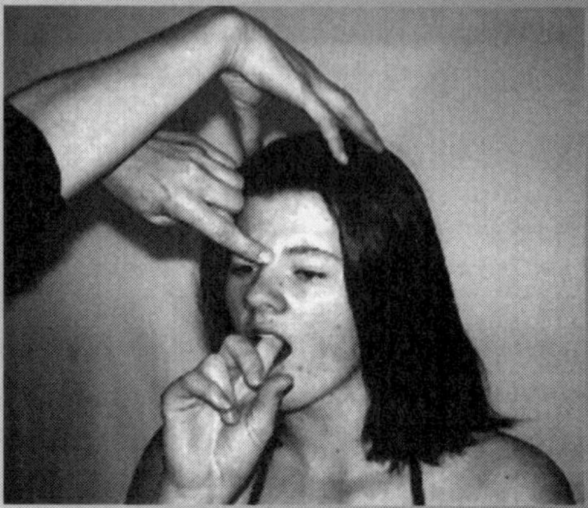

Balance der SB-Verbindung

Rückfrage

Stellen Sie sicher, dass die Balance funktioniert hat, indem Sie die Fragestellung wiederholen. Die Antwort auf die Frage: „Hat die SB-Verbindung Priorität?“, sollte dieses Mal Nein sein.

Die meisten BodyTalk-Balancen sind einfach. Es mag sein, dass Ihnen die Kommunikation zu Beginn Schwierigkeiten machen wird und Sie sich nicht sicher fühlen. Das ist normal. Es wird eine Weile brauchen, bis Sie die entsprechenden Fähigkeiten entwickelt haben, und vielleicht haben Sie anfangs auch einen Klienten, der nicht besonders kooperativ oder bewusst ist. Niemand lässt gerne eine Neuling an sich herumprobieren. Das wird sich aber schnell ändern, besonders wenn sich Ergebnisse einstellen.

Vin

Vin war dreißig Jahre alt, fühlte sich aber wie ein Fünfzigjähriger. Er hatte keine speziellen Symptome, nichts, über das er sich hätte beschweren können, sondern fühlte sich seit Jahren einfach nur träge, lethargisch und schwer von Verstand. In seiner Freizeit war er ein guter Tennisspieler gewesen, doch nun hatte sein Spiel keinen Pfeffer mehr. Seine Koordination schien ihm abhanden gekommen zu sein. Sein größtes Problem war wohl der benebelte Geisteszustand, und obwohl seine Arbeit als Gärtner keine intellektuellen Herausforderungen an ihn stellte, verlor er das Vertrauen in seine Fähigkeit, mit seinen Kindern bei Computerspielen und anderen Aktivitäten Schritt zu halten.

Sofort nach dem Tippen für die SB-Verbindung spürte Vin, wie sein Kopf klarer wurde. Das ging einige Tage lang so weiter. Im Verlauf der BodyTalk-Balance fragte ich Vins innere Weisheit, wann sein Problem begonnen habe, und erhielt die klare Antwort, dass es auf einen Unfall vor acht Jahren zurückzuführen war. Damals war ein Karton von einem hohen Regal auf seinen Kopf gefallen. Er erinnerte sich daran, denn sein Doktor hatte ihm damals untersagt, zu einem wichtigen Basketballspiel zu gehen, weil er eine Gehirnerschütterung habe.

Obwohl er sich von der Gehirnerschütterung erholt hatte, war klar, dass seine SB-Verbindung nach unten blockiert war und sich all seine Symptome von diesem Zeitpunkt an entwickelt hatten. Einen Monat später bei einer Folgesitzung kam es mir vor, als spräche ich mit einem anderen Menschen. Seine Augen blitzten und er strahlte eine Präsenz und Klarheit aus, die ihm vorher gefehlt hatten.

Meist kann man nur sehr schwer sagen, ob eine bestimmte Balance bei einem spezifischen Symptom hilfreich war, denn der BodyTalk-Anwender setzt entsprechend den Anweisungen der inneren Weisheit des Klienten immer eine Reihe von Techniken ein. Und wenn Sie sich erinnern, was ich in den ersten Kapiteln gesagt habe, wird offensichtlich, dass alle Techniken auf Grund der dynamischen Gesetze der Synchronizität im Körper gleich wichtig sind. Wie in einem Hologramm reflektiert jeder Teil das Ganze.

Im weiteren Verlauf des Buches werde ich nach jeder Technik ein Fallbeispiel anführen, um zu zeigen, wie sich die jeweilige Technik auswirken könnte. Denken Sie aber daran, dass jede Technik stets zusammen mit anderen Techniken angewandt wurde.

Es gibt im BodyTalk keine vorgegebenen Sitzungsabläufe. Ich lehre nicht, wie man bestimmte Beschwerden heilen kann. Wenn meine Studenten mich fragen: „Wie heilt man eine Bronchitis oder eine Arthritis im Knie oder einen Darminfekt?", dann ist meine Antwort immer dieselbe: „Gehen Sie das gesamte BodyTalk-Protokoll durch und fragen Sie die innere Weisheit des Körpers, was zu tun ist." Jeder Fall wird anders sein.

Natürlich lernen Sie in diesem Buch nicht das ganze BodyTalk-Protokoll. Mit einer Kombination der Techniken, die ich Ihnen hier vorstelle, können Sie aber viele Beschwerden auf sichere Weise ausbalancieren. Der Unterschied besteht darin, dass Sie ohne eine Kenntnis des gesamten BodyTalk-Protokolls meist nicht so schnelle Resultate erzielen werden. Manchmal werden die Resultate auch begrenzt sein oder nichts wird passieren. Lassen Sie sich dann von einem fortgeschrittenen BodyTalk-Anwender oder einem Arzt oder Heilpraktiker unterstützen.

Das Wunderbare dabei ist: Solange Sie vor der Balance fragen: „Hat ... Priorität?", können Sie nichts falsch machen.

Kapitel 12

Vivaxis

Die Vivaxis-Technik existiert schon seit langem. Ich selbst habe sie zuerst 1976 gelernt, lange vor der Entwicklung von BodyTalk. Es ist interessant, dass die Technik fast unverändert geblieben ist, denn schon damals wurde auf dem Kopf getippt. Im BodyTalk-Protokoll kommt das Tippen auf dem Herz (Brustbein) dazu, durch das die Veränderungen gespeichert werden. Die ursprüngliche Vivaxis-Technik war eindeutig ein Hinweis auf die Zukunft, doch ich habe sie erst 1994 mit BodyTalk in Verbindung gebracht.

In der Praxis wird die Vivaxis-Technik seit vielen Jahren erfolgreich eingesetzt, obwohl es noch keine eindeutige theoretische Erklärung für ihre Wirksamkeit gibt. Es gibt anscheinend zwei hauptsächliche Erklärungen, und möglicherweise haben beide Recht, da sie verschiedene Resultate und verschiedene Fälle betreffen.

Geburts- und Umgebungs-Vivaxis

Die erste Theorie geht davon aus, dass wir im Mutterleib vor äußeren Einflüssen und Energiefeldern energetisch beschützt werden. Der menschliche Fötus hat seine spezifischen Erbanlagen und die körperliche Grundstruktur ist schon festgelegt.

Bei der Geburt sind wir plötzlich der Umwelt und den vorherrschenden Energiefeldern unseres Geburtsortes ausgeliefert. Das prägt uns mit einer energetischen Blaupause, die sich auf viele Aspekte unserer körperlichen Gesundheit und unserer psychologischen Struktur auswirken wird.

Astrologen würden das als die astrologische Grundlage bezeichnen, die uns zu einer Waage, einer Jungfrau und so weiter macht. Sie behaupten schon seit langem, dass die exakte Geburtszeit und der Geburtsort hierbei eine entscheidende Rolle spielen, und das wird inzwischen durch verschiedene Untersuchungen bestätigt. Wie gesagt spinne ich hier nur meine Theorien, die keinen Einfluss auf die praktischen Ergebnisse haben, sondern nur einige der folgenden Vivaxis-Symptome erklären.

Den Theorien zufolge bildet sich exakt am Geburtsort eine Vivaxis, eine Art von Lebensachse, die unser Leben lang an demselben Ort weiterbesteht. In der Physik weiß man, dass viele Millionen Frequenzen ohne Interferenz am selben Ort existieren können. Offensichtlich gibt es im Kreißsaal eines Krankenhauses viele Lebensachsen. Ich habe mich mit sensitiven Menschen unterhalten, die das bestätigen.

Im Verlauf unseres Lebens steht unsere Vivaxis weiterhin über die Schädeldecke mit uns in Verbindung. Sie übermittelt uns die jeweils aktuellen energetischen (oder planetaren?) Einflüsse, die auf uns wirken und unser allgemeines Wohlbefinden mitbestimmen.

Immer wenn diese Übertragung unterbrochen wird, kann es zu Problemen kommen – zum Beispiel, wenn wir weit entfernt von unserem Geburtsort wohnen und es auf der Verbindungslinie zwischen uns und unserer Vivaxis Störfelder gibt.

So wird allgemein angenommen, dass es in unserer Zeit zunehmend Vivaxis-Probleme gibt. Es gibt Spekulationen, dass durch Atomkraftwerke, durch elektrische Starkstromnetze und andere hochenergetische Wirbel Interferenzen ausgelöst werden, die jede subtilere Energieübertragung beeinflussen.

Was verleiht dieser Theorie ihre Glaubwürdigkeit? Eine der wichtigsten Beobachtungen besagt, dass fast alle, die unter Vivaxis-Problemen leiden, fern von ihrem Geburtsort leben. Ein typisches Symptom ist das unerklärliche Heimweh, unter dem auch diejenigen leiden, die sich an ihrem derzeitigen Wohnort zuhause fühlen. Der folgende Fallbericht ist typisch:

Gail

Gail, eine fünfzigjährige Engländerin, hatte seit dreißig Jahren in Australien gelebt. Sie suchte mich wegen chronischer Arthritis und Kopfschmerzen auf, reagierte aber nur sehr langsam auf die Behandlung. Damals arbeitete ich noch nicht mit BodyTalk, sondern mit Akupunktur und Chiropraktik. Während einer Sitzung sagte sie halb im Scherz: „Ich wünschte, Sie könnten dieses lächerliche Heimweh behandeln, an dem ich ständig leide." Ich nahm sie beim Wort und bat sie um eine genauere Erklärung.

Gail erzählte, dass sie nun schon seit so langer Zeit wirklich gerne in Australien lebte. Ihre Kinder und Enkelkinder lebten ebenfalls hier und sie hielt sich selbst für eine waschechte Australierin. Trotzdem war ihr Heimweh ständig gegenwärtig, weil sie immer den Wunsch verspürte, nach England zurückzugehen. Das war so schlimm, dass sie und ihr Mann vor 14 Jahren wieder zurück nach England gefahren waren und vorhatten, dort zu bleiben. Sie fanden Arbeit und blieben acht Monate lang. Gails Gesundheit verbesserte sich in jener Zeit beträchtlich, ihr Heimweh war verschwunden und sie fühlte sich voller Energie. Doch England und der dortige Lebensstil gefielen ihr überhaupt nicht und außerdem vermisste sie ihre Familie. Nachdem sie mit ihrem Mann nach Australien zurückgekehrt war, kamen ihre Symptome wieder zum Vorschein. Die magischen Worte lauteten: unerklärliches Heimweh. Die Vivaxis-Befragung fiel sehr schwach aus und ich balancierte sie. Eine Woche später rief sie an, um mir mitzuteilen, dass ihr Heimweh verschwunden war! Auch auf die Balance ihrer chronischen Beschwerden reagierte sie nun viel besser.

Schlüsselbegriffe, die auf ein Vivaxis-Problem hindeuten, sind: chronisch, degenerativ, hartnäckig, erschöpft, sich wie ein Fisch auf dem Trockenen fühlen – als sei man in der falschen Umgebung.

Das bringt uns zu der zweiten Vivaxis-Theorie, die besagt, dass man ein Vivaxis-Problem hat, wenn man nicht im Einklang mit seinem Umfeld und mit seiner Umgebung ist. Dann sind die Energiemuster des Betroffenen nicht synchron mit den ihn umgebenden Energiefeldern. Das kann zuhause, bei der Arbeit oder in der Stadt sein, in der man lebt. Solche Probleme können durch Starkstromnetze, Stromleitungen, Computer, unterirdische Wasseradern und viele andere Gegebenheiten ausgelöst werden. Diese Theorie wird durch praktische Erfahrungen mit Klienten unterstützt, die ich auf Vivaxis untersucht habe, ohne etwas zu finden. Ich habe diese Personen dann gebeten, sich zuhause oder bei der Arbeit (mit der Unterstützung eines Freundes) selbst zu fragen. In der anderen Umgebung fiel der Test dann positiv aus. Ein bis zwei Wochen nach der Vivaxis-Balance hatten sich ihre Gesundheit, ihre Stimmung oder ihre Energie entscheidend verändert.

Beide Theorien scheinen zuzutreffen, denn manchmal heilt eine Balance die schweren chronischen Probleme und andere Faktoren, die auf einer großen Entfernung vom jeweiligen Geburtsort beruhen. Und in anderen Fällen geht es nur um ein lokales Problem.

Fragestellung

Der Klient streckt seinen Arm im rechten Winkel waagerecht vor seinem Körper aus. Der Anwender testet den Arm, indem er fragt: „Hat die Vivaxis Priorität?" Ergibt die Reaktion ein *Nein* (starker Arm), dreht sich der Klient in eine andere Himmelsrichtung. Ich lasse meine Klienten um jeweils 45° weitergehen. Bei allen Richtungen wird auf diese Weise gefragt, bis ein *Ja* (schwacher Arm) erscheint. Das entspricht der Position, in welcher die Vivaxis geschwächt ist. Um die exakte Stellung zu finden, bitten Sie den Klienten, sich in kleineren Abständen zu drehen. Fragen Sie so lange, bis Sie genau die Richtung gefunden haben, in welcher die Antwort am schwächsten ausfällt.

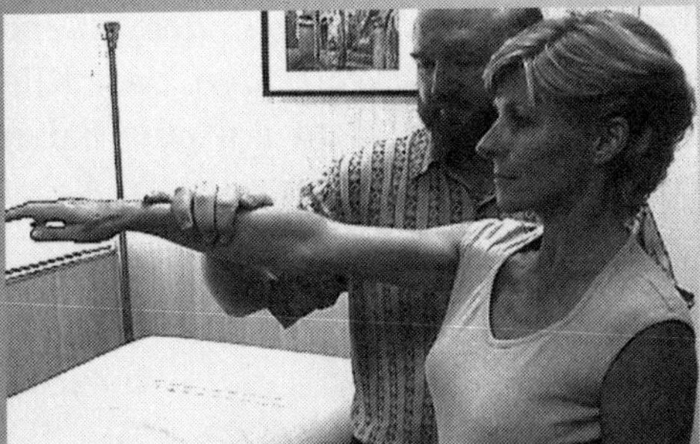

Fragestellung bei Vivaxis

Während der Klient seinen Arm weiterhin in der genauen Richtung – wie eine Antenne – ausstreckt, tippen Sie mit Ihrer freien Hand auf dem Kopf und dem Brustbein des Klienten und bitten ihn, dabei je einen tiefen Atemzug zu machen.

Fragen Sie erneut, um sicherzustellen, dass das Problem korrigiert worden ist. Dann machen Sie so weiter, bis alle Himmelsrichtungen erfasst worden sind.

Ich habe festgestellt, dass bei einer Balance der weit entfernten „Geburts-Vivaxis" normalerweise nur *eine* Position korrigiert werden muss. Wird allerdings die Anpassung an die örtliche Umgebung ausgeglichen, kann es vorkommen, dass mehrere Punkte balanciert werden müssen.

Die Vivaxis-Balance ist Teil der essentiellen allgemeinen Balancen, weil ich bemerkt habe, dass sie in der Praxis von großer Bedeutung sein kann. Obwohl es oft keine spezifischen Symptome gibt, die auf ein Vivaxis-Problem hindeuten (zum Beispiel haben viele Klienten kein Heimweh), habe ich herausgefunden, dass Klienten, die nur langsam oder gar nicht auf eine Balance ansprechen, nach einer Vivaxis-Balance oft gute Reaktionen zeigen.

Kapitel 13

Cortexbereiche

Die Theorie der Cortexbalance geht davon aus, dass sich jede Erkrankung auf irgendeiner Ebene im Gehirn spiegelt. Bei Kindern mit Lesestörungen (Dyslexie) hat sich bei Untersuchungen mit Infrarot-Fotografie gezeigt, dass spiegelsymmetrisch auf beiden Seiten der Großhirnrinde „kalte" Stellen mit geringerer Blutzufuhr oder verminderter zellulärer Aktivität vorlagen. Wenn das Kind Förderunterricht bekommt und sich die Dyslexie aus klinischer Sicht verbessert, verringern sich auch die kalten Zonen oder sie verschwinden ganz.

Eine weitere Studie hat ergeben, dass auch bei verschiedenen geistigen Störungen und anderen Krankheiten kalte Zonen auftreten. Die Theorie besagt, dass sich jede körperliche Störung als Fehlfunktion im Gehirn spiegelt. Da stellt sich natürlich die Frage: „Was war zuerst da – die Krankheit oder die Gehirnstörung?" Angesichts der holografisch-dynamischen Interaktionstheorie ist diese Frage bedeutungslos. Es macht wirklich keinen Unterschied, und es wird wahrscheinlich Fälle geben, auf die beide Auffassungen zutreffen.

Für uns ist nur von Bedeutung, dass BodyTalk-Anwender bei vielen geistigen und körperlichen Krankheiten immer wieder bedeutsame Verbesserungen beobachten, wenn diese „kalten" Zonen direkt „repariert" werden. Dann wieder scheint es, als würde die Balance des Gehirns nur einen Teilbereich abdecken und als müssten für dauerhafte Ergebnisse noch andere Vernetzungen vorgenommen werden. Ich habe bei vielen Kindern beobachtet, wie allein mit Balance der Cortices die Leseschwäche in wenigen Tagen behoben wurde.

In anderen Fällen fordert die innere Weisheit vielschichtige Vernetzungen, welche Nahrungsallergien, Rückenprobleme, Hormonstörungen und Umweltfragen einschließen, bevor anhaltende Resultate erzielt werden.

Ich habe festgestellt, dass bei 98 Prozent aller kranken Klienten die Cortexbereiche als Teil ihres Heilungsprozesses balanciert werden mussten. Manchmal scheint die Cortexbalance zum jeweiligen Zeitpunkt kaum Wirkung zu zeigen, ist jedoch ein wichtiger Faktor im gesamten, von der inneren Intelligenz des Körpers gestalteten BodyTalk-Protokoll.

In anderen Fällen habe ich unmittelbare Wirkungen beobachtet, die mich genauso verblüfft haben wie den Klienten.

Len

Len kam wegen seiner Verdauungsprobleme und Hautausschläge zu einer BodyTalk-Sitzung. Er hatte vor vier Jahren einen Schlaganfall erlitten und konnte seinen rechten Unterarm und die rechte Hand nicht mehr bewegen. Nach einer einjährigen Behandlung hatte der Spezialist ihm mitgeteilt, dass er keine Verbesserungen mehr erwarten könne und die Therapie beenden solle.

Als ich seine Cortexbereiche routinemäßig vernetzte, berichtete Len, dass die Finger seiner rechten Hand zu kribbeln begännen. Ich bat ihn zu versuchen, seine Finger zu bewegen. Zu seinem Erstaunen begannen die Finger, zuckende Bewegungen zu machen. Ich tippte weiter auf seine Cortexbereiche und er konnte spüren, wie seine Hände warm wurden und viele verschiedene Empfindungen auftauchten. Eine Woche später war seine Bewegungsfähigkeit zu sechzig Prozent wiederhergestellt. In den nächsten Monaten regenerierten sich seine Handmuskeln und er konnte seine Hand fast vollständig gebrauchen.

Ich habe viele Schlaganfallpatienten gesehen, die auf BodyTalk angesprochen haben, doch bei den meisten mussten viele verschiedene Vernetzungen hergestellt werden. Gelegentlich gibt es Fälle, bei denen nur die Gehirnverbindungen wiederhergestellt werden müssten, um bedeutsame Veränderungen zu erzielen.

Das häufigste „Symptom" nach dem Tippen auf den Cortexbereichen ist eine subjektive Verbesserung des Wohlbefindens. Die meisten fühlen sich nach einer Cortexkorrektur einfach wohler in ihrer Haut.

Eine Balance der Cortexbereiche scheint auch bedeutsame Auswirkungen auf den Stresspegel zu haben. Manchmal habe ich einen Klienten nach einer Gesamtbalance gut ausgeglichen nach Hause geschickt, und er fühlte sich fantastisch. Doch am selben Abend gab es bei ihm zuhause Stress, und als er am nächsten Tag zur Untersuchung vorbeikam, waren die Cortexbereiche „durchgeknallt". Wenn man diese dann balanciert, kommen sie sofort wieder zur Ruhe. Ich habe vielen Klienten beigebracht, wie sie ihre Hirnrinde bei Stress selbst balancieren können, doch das ist kein Allheilmittel. Es scheint ihnen nur kurz zu helfen. Wenn Stressprobleme über lange Zeit anhalten, kann man nur dann anhaltende Resultate erzielen, wenn man das gesamte BodyTalk-Protokoll durchführt. Dabei geht es dann besonders um die Korrektur des limbischen Systems im Gehirn.

Die Balance der Cortexbereiche ist ein unabdingbarer Teil des BodyTalk-Protokolls. Da sie die Gehirntätigkeit verbessert und auch Stress gut reduziert, ist sie bei jeder Modalität als Teil der grundlegenden Vorbereitung von großer Bedeutung, damit der Klient besser auf die eigentliche Balance ansprechen kann.

Fragestellung

• Bewegen Sie Ihre Hand sanft über den Kopf des Klienten, wobei Sie die Kopfhaut nur so stark berühren, wie das Haar es zulässt. Diese Bewegung verläuft von der Stirn über den Kopf bis zur Schädelbasis.
• Dann fragen Sie den Körper: „Haben die Cortices Priorität?“ Ist die Antwort ein *Ja* (schwach), fahren Sie mit der Balance fort.

Fragestellung bei den Cortexbereichen

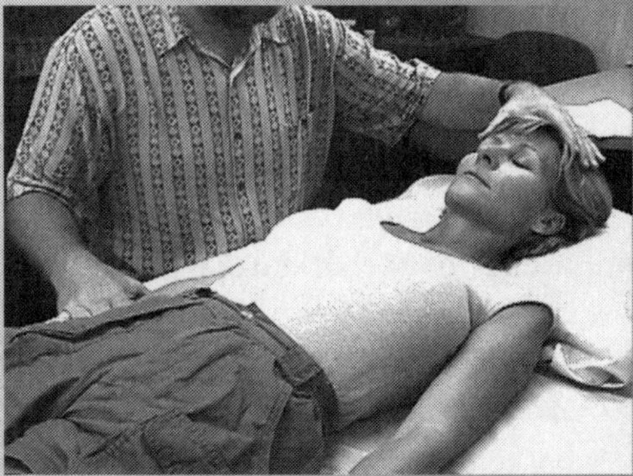

Balance

• Legen Sie Ihre Hand auf den Bereich von Schädelbasis und Nacken des Klienten. Tippen Sie gleichzeitig mit der anderen Hand auf dem Kopf und dem Brustbein; dabei atmet der Klient je einmal voll durch.
• Bewegen Sie Ihre Hand nun eine Position weiter zur Schädeldecke. So wird der ganze Kopf systematisch abgedeckt. Tippen Sie auch hier je einen Atemzyklus lang auf Kopf und Brustbein.
• Wiederholen Sie diesen Vorgang, bis Sie den gesamten mittleren Bereich des Schädels abgedeckt haben. Normalerweise sind das vier Positionen, doch wenn

eine kleine Hand einen großen Kopf abdecken soll, können es auch fünf sein.

- Nun sind die Seiten des Kopfes an der Reihe. Bitten Sie den Klienten, seine Hand an die eine Kopfseite zu legen, während Sie die andere Seite halten. Mit Ihrer freien Hand tippen Sie wieder auf Kopf und Brustbein, während der Klient je einen vollen Atemzug macht.

Wenn die Balance beendet ist, fragen Sie noch einmal nach, um die Korrektur zu bestätigen.

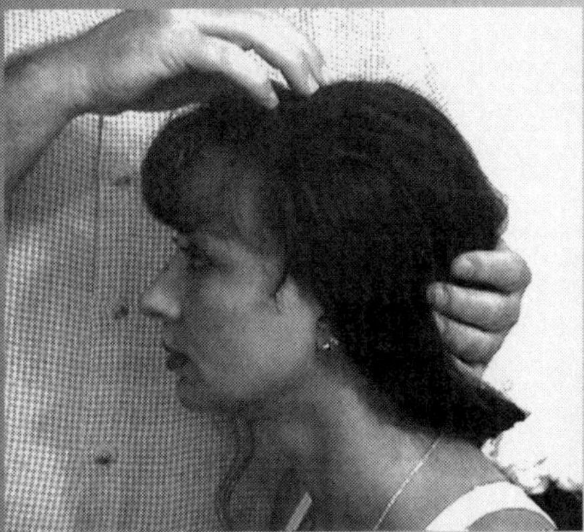

Auf den Cortexbereichen tippen

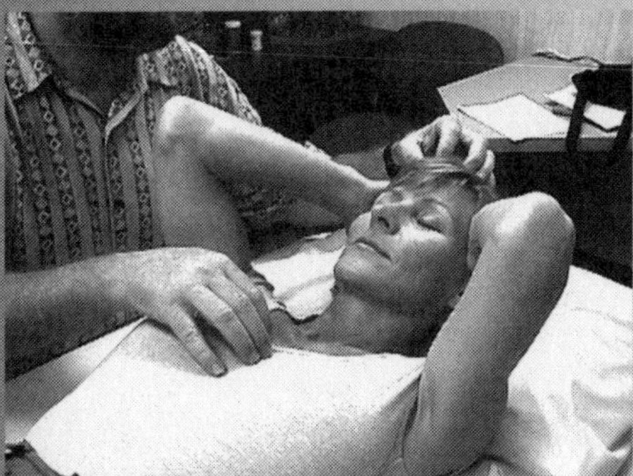

Auf den Kopfseiten tippen

Kapitel 14

Wasserhaushalt

Über die Bedeutung von Wasser in der Therapie wird viel gesprochen, doch kaum jemand versteht wirklich etwas davon. Man redet darüber, wie wichtig die Wasserzufuhr ist, und glaubt, dass es genügt, irgendeine Flüssigkeit zu sich zu nehmen, um die Wasserbedürfnisse des Körpers zu decken – schließlich enthalten alle Flüssigkeiten Wasser. Doch Kaffee, Tee, einige Kräutertees und Softdrinks enthalten Koffein oder koffeinähnliche Substanzen. Koffein ist ein Diuretikum und entwässert den Körper, indem es die Nierenfunktion anregt. Wer diese Getränke also konsumiert, ohne zusätzlich reines Wasser zu sich zu nehmen, entwässert letztendlich seine Zellen und Gewebe.

Wasser muss in seiner reinen Form aufgenommen werden. Das betrifft sowohl Quellwasser als auch Leitungswasser. Bei destilliertem Wasser gehen die Meinungen auseinander. Es heißt, dass es „leer" sei und auf Grund seiner Fähigkeit, Substanzen in sich aufzulösen, den Körper „korrodieren" und ihm bestimmte Mineralien entziehen würde.

Viele Menschen halten Wasser einfach nur für ein Lösungsmittel, ein Verpackungsmaterial oder eine Trägerstoff, der andere Substanzen durch den Körper transportiert. Eiweiße, Minerale und Vitamine werden für wichtiger gehalten. Doch für die Energieproduktion der Zellen, den Stoffwechsel und die Nervenleitungen ist das Wasser unersetzlich.

In der Hydrolyse wird das Wassermolekül in Wasserstoff und Sauerstoff gespalten. Dabei wird Energie freigesetzt. Diese aus dem Wasser freigesetzte Energie ist wichtig für die Bildung von Adenosintriphosphat (ATP), einer der wichtigsten im Körper gespeicherten Energiequellen.

Viele Gehirnanteile beziehen einen großen Teil ihrer Energie aus dem Wasser. Wenn der Wasseranteil des Gehirns vollständig ist, besteht es zu achtzig Prozent aus Wasser. Die Nervenleitung ist sehr stark vom Wasser abhängig. Nervenimpulse brauchen für ihre Übertragung ionisierte Minerale oder Kationen. Der Kationenaustausch bezieht seine Energie aus dem Wasser. Außerdem wird die Nervenleitung durch kleine Wasserwege oder Mikroströmungen entlang der gesamten Nervenstränge unterstützt. Diese Wasserwege transportieren die Gehirnsubstanzen durch kleine Mikrotubuli bis zu den Nervenendigungen. Ein zu niedriger Wasserspiegel im Körper behindert die Übertragung von Nervenimpulsen und beeinträchtigt die Gehirnfunktion. Chronische Nervenschmerzen sind häufig nichts anderes als das Endresultat eines chronischen Wassermangels. Wenn der Wasserhaushalt des Klienten wieder ausgeglichen wird, bringt das chronische Arthritisschmerzen und ähnliche Beschwerden oft zum Abklingen.

Außerdem muss man sich bewusst machen, dass das Wasser die Zellen im Körper zusammenhält. Wasser hält die Zellmembran zusammen, indem es Hydronium-Ionen (H_3O_2+) bildet, die es „klebrig" machen und den Zellverband zusammenhalten. Das verringert die Viskosität der Zelle und erhöht damit die Wirksamkeit von Eiweißen und Enzymen. In einer dehydrierten Zelle ist der Stoffwechsel schwer eingeschränkt. Das bezieht sich auf alle Stoffwechselprobleme im Körper und wirkt sich besonders dramatisch auf den Zuckerhaushalt, das

Immunsystem und die Entgiftungsfunktionen des Körpers aus. Die meisten Nährstoffe für die Zelle werden vom Wasser als Trägersubstanz durch die Zellmembran geschleust. Viele Menschen mit Wassermangel sind unterernährt, obwohl sie sich ausgewogen ernähren. Viele Mangelzustände beruhen einfach nur auf einem Wassermangel.

Wassermangel ist der größte Produzent von freien Radikalen im Körper und eine effektive Wasserversorgung beseitigt freie Radikale schneller als jede andere Therapie. Es ist sinnlos, irgendwelche Ergänzungsstoffe zur Reduktion der freien Radikalen einzunehmen, wenn im Körper Wassermangel besteht, der ihre Wirksamkeit behindert. Ist der Körper dagegen gut mit Wasser versorgt, wäre es reine Geldverschwendung, Antioxidantien einzunehmen, weil er sie dann gar nicht braucht!

Wassermangel gilt auch als ein wichtiger Faktor bei Lungenerkrankungen. Bei vielen Fällen von Asthma und chronischer Bronchitis wurden die erstaunlichsten Ergebnisse allein dadurch erzielt, dass der Wasserhaushalt ausgeglichen wurde.

Ein Wassermangel ruft im Körper Stress hervor und verändert das Gleichgewicht der Aminosäuren. Das führt bei der Zellteilung zu Fehlern in der DNS, die viele Krankheiten wie zum Beispiel Krebs oder andere Zellveränderungen verursachen können.

Wasser wird ferner als unerlässliche Leitsubstanz für die Energie der Meridiane und anderer Energiesysteme des Körpers angesehen. Wenn der Körper entwässert ist, behindert das die Wirkung von energetischen Therapien wie Reiki, Polarity-Therapie, Magnetheilung, Aspekten des BodyTalk, Bioenergetik und so weiter. Der Körper kann sie einfach nicht voll für sich nutzen. Ich habe beobachtet, dass Klienten, die nur langsam auf eine Balance ansprechen, unweigerlich unter Wassermangel leiden.

Emotionen werden vom Wasser synthetisiert und harmonisiert. Wassermangel ist ein wichtiger Vorläufer von emotionalen und geistigen Störungen. Ich habe noch keinen bipolaren (manisch depressiven) Klienten getestet, der nicht unter Wassermangel litt. Heutzutage sind besonders Kinder von Wassermangel bedroht, weil sie kein klares Wasser mehr trinken. Hyperaktive Kinder sind unweigerlich dehydriert und wollen ihren Durst meistens nur mit Softdrinks, Limonaden und anderen koffein- und zuckerhaltigen Getränken stillen.

Einer der wichtigsten Alterungsfaktoren ist der Wassermangel. Sehen Sie sich doch die Haut eines alten Menschen an. Sie ist einfach ausgetrocknet!

Wassermangel hat tief greifende Auswirkungen auf den Lymphfluss des Körpers, denn dadurch wird das Lymphsystem verstopft und seine Funktion behindert.

Alkohol entwässert den Körper. Der Kater mit seinen Kopf- und Gliederschmerzen ist ein Nebensymptom des Wassermangels. In der Tat können fast alle Kopfschmerzen – auch die Migräne – durch Wasserzufuhr gelindert werden.

Bislang lag ein Hauptproblem der Wassertherapie darin, dass viele Personen, die angeblich viel Wasser trinken, trotzdem Wassermangelsymptome haben. Andere kamen zu mir, weil sie Wasseransammlungen im Körper hatten. Wurde jedoch ihr Wasserhaushalt untersucht, ergab sich ein schwer wiegender Wassermangel. Oft können sie so viel Wasser trinken, wie sie wollen, ihr Wasserspiegel steigt nicht an, sondern ihnen wird bloß übel. Das ist wie bei dem Verdurstenden in der Wüste, der große Mengen von Wasser zu sich nimmt – und sein Körper weist es ab.

Man muss sehen, dass viele Menschen auf Grund ihrer Befindlichkeit nicht in der Lage sind, den Wasserhaushalt ihrer Körperzellen und ihres Gehirngewebes zu regulieren – und wenn sie noch so große Wassermengen aufnehmen. Die Cortexbalance im BodyTalk geht auf dieses Problem ein.

Das BodyTalk-System korrigiert die auslösenden Faktoren einer begrenzten Wasseraufnahme des Körpers. Der Test und die Balance, die ich Ihnen gleich zeigen werde, befassen sich generell mit allen Problemen, die den Wasserhaushalt betreffen. Damit werden letztendlich alle Wasserprobleme im Körper korrigiert. Manchmal muss der BodyTalk-Anwender bestimmte schwierige Bereiche noch zusätzlich balancieren, um schneller zu einem Ergebnis zu kommen. Dabei kann es sich zum Beispiel um das Gehirn, eine arthritische Wirbelsäule, ein Organ wie zum Beispiel die Leber oder ein Gelenk wie das Knie handeln. In diesen Fällen ist die Balance spezifischer und wirkt daher auch schneller. Viele Menschen bemerken, dass sich ihre Haut in ein bis zwei Monate nach der Balance sehr stark verändert hat und wegen des höheren Wassergehalts jünger aussieht als vorher.

Fragestellung

- Befeuchten Sie ein Papiertaschentuch oder etwas Watte mit klarem Wasser.
- Legen Sie das nasse Tuch auf den Nabel des Klienten oder, wenn die Kleidung das nicht zulässt, legen Sie es über der Thymusdrüse auf das Brustbein.
- Fragen Sie: „Hat die Hydration Priorität?“ Ist die Antwort *Ja* (schwach), braucht der Klient eine Balance.

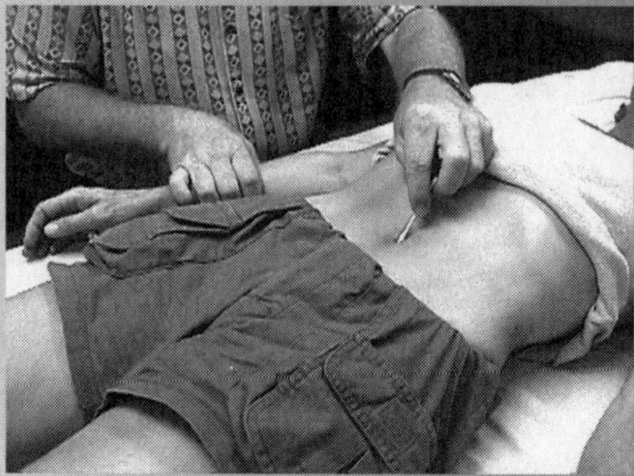

Fragestellung für die allgemeine Hydration

Balance

• Lassen Sie das nasse Tuch auf dem Nabel liegen und bitten Sie den Klienten, die Hände so auf beide Seiten des Kopfes zu legen, dass sie den Bereich des limbischen Gehirns abdecken, der von den Schläfen bis über beide Ohren reicht.
• Balancieren Sie die Cortexbereiche jetzt so wie in der Cortexbalance.
• Legen Sie Ihre Hand an den Übergang von der Schädelbasis zum Nacken. Tippen Sie mit Ihrer freien Hand auf dem Kopf und dem Brustbein des Klienten und bitten ihn, dabei je einen tiefen Atemzug zu machen.
• Wiederholen Sie diesen Vorgang, bis Sie den gesamten mittleren Bereich des Schädels abgedeckt haben. Normalerweise brauchen Sie dafür vier Positionen, doch eine kleine Hand, die einen großen Kopf abdeckt, braucht oft fünf. Diesmal brauchen Sie die Kopfseiten nicht wie bei der Cortexbalance zu berücksichtigen, weil der Klient sie schon mit seinen Händen bedeckt.

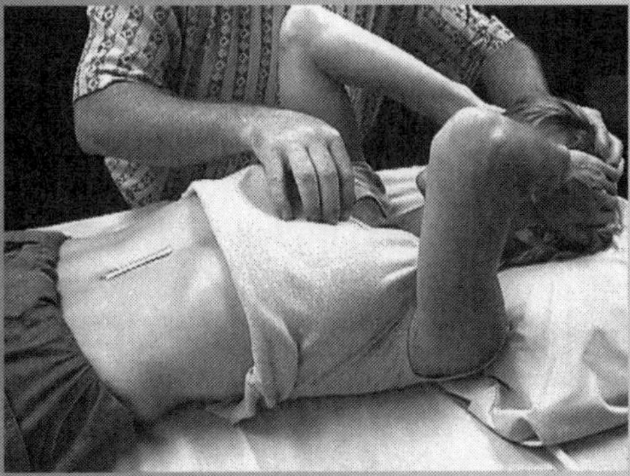

Balance der allgemeinen Hydration

Manchmal muss man diese Balance wiederholen, damit sie wirklich „sitzt". Weil in solchen Fällen noch andere Faktoren mitspielen, muss die Balance durch fortgeschrittene Techniken ergänzt werden. Dabei handelt es sich oft um emotionale Faktoren. Wasser hat energetisch mit Freude zu tun. Wenn ein Mensch Wasser abstößt, weil sein Körper es nicht absorbieren kann, besteht bei ihm die Tendenz, in seinem Leben keine Freude zuzulassen.

Für ihn ist das Leben ein Kampf und entbehrt der Freude, die eigentlich der gemeinsame Nenner und sein Geburtsrecht wäre.

Sandra

Sandras Diagnose war chronische Fibromyalgie. Sie litt unter ständigen Gelenk-, Muskel- und Kopfschmerzen und ihre Haut sah alt aus. Bei der Fragestellung und bei der Balance stand der Wasserhaushalt im Vordergrund.

An den Tagen nach der Balance war Sandra extrem durstig und verlangte nach Wasser. Interessanterweise hatte sie vor der Balance immer Eistee getrunken, wenn sie Durst hatte. Jetzt wollte sie nur Wasser.

In den folgenden drei Wochen verminderten sich ihre Gelenk- und Muskelschmerzen rapide und als sie drei Monate später zu einer Folgesitzung kam, hatten sich Beschaffenheit und Aussehen ihrer Haut sichtlich verändert. Sie sagte, dass sie sich so vorkomme, als sei ihr ganzer Körper geliftet worden.

Kapitel 15

Narben und Störfelder

In diesem Kapitel widmen wir uns einer wichtigen Ursache vieler Krankheiten und Gesundheitsprobleme, die von den meisten Therapeuten kaum in Betracht gezogen wird. Schlecht verheilte Narben können viele Blockaden im Energiefluss, im Blutkreislauf und in der Nervenleitung des Körpers verursachen, die sich lokal auswirken oder schwer wiegende Folgen im ganzen Organismus haben.

Eine gesunde Narbe ist fein, weich, unempfindlich, und bildet keine Erhebung. Ungesunde Narben sind meistens dicker und häufig empfindlich. Ihre Umgebung ist oft gerötet und weist Temperaturunterschiede auf. Solche Narben blockieren den Energiefluss entlang der Meridiane und behindern die Funktion aller Bereiche, die von dem jeweiligen Meridian versorgt werden. Außerdem stören sie das energetische Hologramm des Körpers, indem sie die gesamte Körperenergie aus dem Gleichgewicht bringen.

Bevor ich dazu kam, Narben mit BodyTalk zu balancieren, habe ich sie mit Akupunktur überbrückt. Dafür habe ich Nadeln in die Narbe selbst sowie in Akupunkturpunkte unterhalb und oberhalb der Narbe gesetzt, um die Energie besser durch die Narbe zu leiten. Das zeigte sofortige Wirkung und führte schließlich dazu, dass die Narbe teilweise verschwand und auch ihre Röte und Empfindlichkeit verlor. Im zweiten Grad Reiki gibt es eine Narbenkorrektur, die ähnlich gut funktioniert. Doch BodyTalk hat die weitaus beste Technik zu bieten, weil sie so einfach ist und schnell wirkt. Nach der Narbenbalance werden Energie-, Nerven- und Blutfluss sofort freigesetzt. Das befreit kurzfristig von den Symptomen, während die Narbe vollständig heilt und schließlich weich wird oder ganz verschwindet, wie auch alle lokalen Rötungen und Empfindlichkeiten. Nicht alle Narben, die Probleme verursachen, sind empfindlich oder gerötet. Das ist nur bei schweren Fällen so.

Warum heilen Narben nur schwer?

Wie gut eine Narbe verheilt, das ist meist von verschiedenen Faktoren abhängig:

- Es ist unabhängig vom allgemeinen Gesundheitszustand und der Vitalität des Patienten zum Zeitpunkt des Unfalls oder der Operation. Wenn Sie zu diesem Zeitpunkt erschöpft oder krank sind oder nur wenig Lebenskraft haben, wird die Narbe nur schwer verheilen und später Probleme mit sich bringen.
- Der häufigste Problemfaktor ist emotionaler Stress zum Zeitpunkt des Unfalls oder der Operation. Wenn der Unfall eine Menge emotionalen Stresses mit sich brachte, den Sie wegen der damaligen Umstände nicht gut verarbeitet haben, wird die Narbe nur schlecht verheilen. Oft wird jemand durch einen Autounfall verletzt, an dem auch andere beteiligt waren, und das kann erheblichen Stress verursachen. Vielleicht hat er sich Sorgen über mögliche Verunstaltungen gemacht oder heftige Schmerzen gelitten – lauter Ursachen für Stress. Oder Sie haben eine Operation durchgemacht, die extrem emotional belastend für Sie war. Vielleicht wurde Ihre Gebärmutter oder irgendein Körperteil entfernt und Ihre Einstellung zum Leben musste sich grundlegend ändern. Der emotionale Stress, der daraus entsteht, führt dazu, dass der Narbenbereich nur schwer verheilt.

Interessanterweise haben BodyTalk-Anwender die Beobachtung gemacht, dass die unterdrückten Emotionen oft in dem Bindegewebe festgehalten werden, das die Narbe umgibt. Wenn man die Narbe dann balanciert, werden diese Energien freigesetzt und Erinnerungen an den Zeitpunkt der ursprünglichen Verletzungen tauchen auf.

Ein typisches Beispiel ist die Frau, die eine Hysterektomie erfolgreich überstanden hat, aber in den darauf folgenden Monaten und Jahren die verschiedensten Veränderungen in ihrem Körper wahrnimmt. Sie wird wahrscheinlich unter einem verminderten Fluss entlang der Yin-Meridiane leiden, die am inneren Bein und dem vorderen Rumpf entlang bis zum Kopf verlaufen. Wenn die Operationsnarben den Energiefluss blockieren, wird diese Frau über Mangelsymptome in Bauch, Brust und Kopf klagen. Sie wird vielleicht unter Verdauungsstörungen, gestörtem Zuckerstoffwechsel, Müdigkeit, Schwäche, Kurzatmigkeit, Kreislaufstörungen sowie unter verringertem Energiefluss zum Kopf leiden, was die Gesichtsmuskeln zum Erschlaffen bringt. Eine endlose Liste – und alles nur wegen einer einzigen Narbe!

Wenn diese Frau sich bei ihrem Arzt beschwert, dass all diese Symptome mit der Hysterektomie begonnen haben, wird es oft als Zufall abgetan, weil die Entfernung der Gebärmutter keine derartigen Symptome mit sich bringt. Hunderte von Frauen haben gesundheitliche Veränderungen erlebt, nachdem die Narben ihrer Hysterektomie mit BodyTalk balanciert wurden.

Kay

Um ihre verlorene Jugend doch noch zurückzugewinnen, hatte Kay ihre Gesichtsmuskeln liften und sich Brustimplantate machen lassen. Sich operieren zu lassen war eine sehr emotionale Entscheidung gewesen und auch ein Versuch – so sah sie es im Rückblick –

ihre Ehe vor dem Scheitern zu bewahren. Die gesamte Prozedur entwickelte sich zu einem Albtraum. Die Brustimplantate verursachten ihr ständig Schmerzen und die Narben an Brust und Gesicht waren noch Monate später erkennbar.

Inzwischen war die Brust innerlich vernarbt, was ebenfalls zu Schmerzen führte. Kay konnte es nicht ertragen, an den Brüsten berührt zu werden. Diese fühlten sich hart und unnormal an und machten ihr nichts als Kummer. Die konfliktbeladene Ehe wurde dadurch noch mehr belastet. Schließlich verheilte ihr Gesicht und sah zufrieden stellend aus, aber ihre Gesichtsmuskeln fühlten sich ständig angespannt an und sie litt unter chronischer Müdigkeit. In der BodyTalk-Balance wurden die Brustnarben und die kleinen Narben am Kopf balanciert, die durch das Lifting entstanden waren.

Eine Woche später waren Kays Brüste schon weicher und schmerzten weniger. Die Anspannung der Muskulatur im Gesicht hatte sich völlig gelöst und die Haut sah besser aus. Nach fünf weiteren Balancen waren die Brüste schmerzfrei und weich und das Narbengewebe hatte sich erheblich reduziert. Schließlich lösten sich auch die inneren Verwachsungen in der Brust vollständig auf.

Muttermale und Hautflecken

Die Narbenbalance wird auch bei Muttermalen und Hautflecken eingesetzt. Indem man ein Muttermal sanft reizt und zugleich die Fragestellung durchführt, kann man feststellen, ob das Mal problematisch ist.

Das Mal oder der Hautfleck wird dann genauso balanciert wie eine Narbe und zuletzt wird erneut gefragt. In vielen Fällen bemerken die Klienten, dass das Muttermal in drei bis sechs Wochen langsam verschwindet und dass eine gesunde Farbe an seine Stelle tritt.

So können viele hässliche Verfärbungen behoben werden. Außerdem wird der Nutzen dieser Balance deutlich, wenn man daran denkt, wie häufig Hautkrebs in unserer Zeit ist.

Ich habe viele Fälle erlebt, bei denen gefährlich aussehende Muttermale schnell in einen gesunden Zustand zurückkehrten. In anderen Fällen fielen Muttermale und Hautflecken nach ein paar Tagen einfach ab und Hautverfärbungen verschwanden.

Gerald

Der fünfundfünfzigjährige Gerald hatte seit zwei Jahren einen großen, verkrusteten Sonnenfleck auf der Nasenspitze. Dieser nahm allmählich an Größe zu und sein Arzt wollte ihn herausschneiden. Gerald zögerte, diesen Schritt zu tun, weil der Arzt ihn darauf hingewiesen hatte, dass die gesamte Nasenspitze entfernt werden und plastische Chirurgie eingesetzt werden müsste.

Als Gerald wegen seiner Rückenschmerzen zu einer BodyTalk-Balance kam, wurde als Teil des gesamten Körperausgleichs auf Anweisung der Körperweisheit auch sein Sonnenfleck balanciert. Zehn Tage später war dieser bis auf einen leichten Glanz auf der Haut vollständig verschwunden.

Innere Narben und Adhäsionen

BodyTalk wird auch angewandt, um mit fortgeschrittenen Vernetzungen bei inneren Narben und Adhäsionen (Verklebungen) zu helfen. Bei internen Verklebungen muss der Druck oder die Reizung gewöhnlich tiefer sein. Außerdem gibt es im Allgemeinen Vernetzungen nach außen, um die tieferen Probleme rund um die Blockade anzusprechen. Die häufigste Vernetzung betrifft Emotionen.

Kleidung und Störfelder

Immer wenn wir mit den Energiesystemen der Körper-Geist-Einheit arbeiten, können viele Umgebungsfaktoren einen störenden Einfluss ausüben und sich nachteilig auf die Resultate auswirken. Einige dieser Faktoren lassen sich eliminieren, andere jedoch nicht (wie das Arbeiten in der Nähe einer Hochspannungsleitung oder eines Atomkraftwerks).

Ein Faktor, der bei Klientinnen oft auftreten kann, ist die Kleidung; am häufigsten sind dabei Schmuck und synthetische Stoffe. Manche Menschen reagieren auf bestimmte Schmuckstücke wie Halsketten, Brillen mit Metallgestellen und Uhren, wobei diese dann als Störung und Priorität angezeigt werden. In den meisten Fällen müssen sie nur für die Dauer der Sitzung abgelegt werden.

In einigen Fällen kann es besser sein, dieses Schmuckstück überhaupt nicht mehr zu tragen. In anderen Fällen können sie zu diesem Schmuckstück balanciert werden, weil die Störung eine emotionale Ursache hat. Die Halskette war beispielsweise ein Geschenk von einem verstorbenen Familienmitglied an die Klientin, sodass es ein starkes emotionales Festhalten in der Kette gibt. In solch einem Fall wird das Schmuckstück mit der aktiven Erinnerung vernetzt. Die Klientin hält die Kette während des Tippens und der Balance der betreffenden Erinnerung.

In anderen Fällen hat die Kleidung störende Wirkung. Ein typisches Beispiel sind Büstenhalter mit eingearbeiteten Metallbügeln. Die Kombination aus den synthetischen Fasern und den Metallbügeln baut ein elektrisches Feld auf, das ungesund für die Klientin und störend für die energetische Arbeit ist. Sollte die Klientin, aus Anstand oder kulturellen Gründen, nicht gewillt sein, den Büstenhalter während der Sitzung abzulegen, wird sie gebeten, beim Folgebesuch einen anderen aus nichtsynthetischen Fasern und ohne Bügel zu tragen. Das gilt für jedes Kleidungsstück, das als Störfeld wirkt. Sie können die Balance des Körpers auch *mit* diesem weiterhin getragenen Kleidungsstück durchführen, doch dann muss akzeptiert werden, dass das Ergebnis eingeschränkt ist, bis die Klientin mit geeigneter Kleidung zur Folgesitzung kommt.

Es gibt andere Fälle, in denen die Störung durch Kleidung einen emotionalen Grund hat. Die Klientin *braucht* die Kleidung als Maske, um ihre Scham oder ihren emotionalen Komplex zu verbergen. Hier kann es sein, dass die innere Weisheit der Klientin Sie zur aktiven Erinnerung führt, um dieses Problem zu balancieren; ein solches Problem kann einen Hauptfaktor ihrer gesundheitlichen Störungen darstellen.

Fragestellung

Um festzustellen, ob eine Narbe Probleme macht, muss man sie durch sanften Druck reizen, während man die Kommunikation durchführt. Dabei fragt man: „Haben Narben und Störfelder Priorität?"

Bei einem *Nein* gehen Sie weiter zum Organsystem.

Bei einem *Ja* wird weiter eingeengt: „Haben Narben Priorität?" – „Haben Muttermale Priorität?" – „Hat Kleidung Priorität?"

Wenn Sie den Bereich mit der Priorität herausgefiltert haben, fragen Sie nach der genauen Stelle (s. Kommentar unten).

Reizen Sie die Narbe (oder den Hautflecken) durch sanften Druck und fragen Sie zur Bestätigung: „Hat diese Narbe Priorität?"

Bei einem *Ja* wird gefragt: „Gibt es Vernetzungen nach außen?"

Bei einem *Ja* wird die zugehörige Vernetzung gefunden. Der Klient hält die Vernetzung; Sie balancieren die Narbe oder Störung.

Balance

Um die Narbe zu balancieren, reizen Sie diese mehrfach mit sanftem Druck, während Sie gleichzeitig auf dem Kopf und dem Brustbein tippen und den Klienten bitten, dabei je ein Mal voll durchzuatmen.

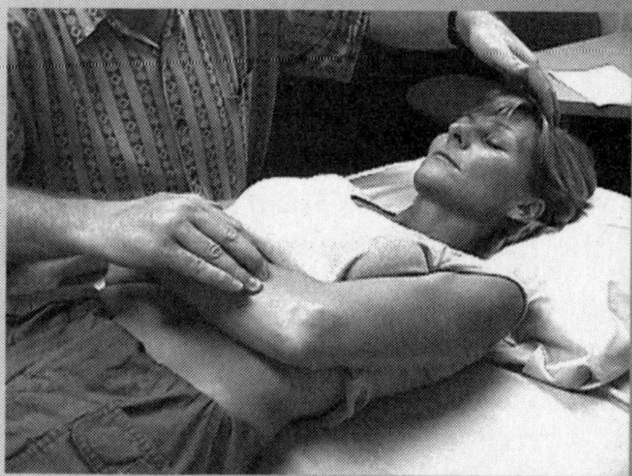

Balance von Narben und Störfeldern

Rückfrage

Dann sollten Sie noch einmal fragen, um sicherzustellen, dass die Korrektur erfolgreich war. Nach der Balance wird gefragt: „Haben Narben und Störfelder noch Priorität?“ Bei einem Ja suchen und balancieren Sie eine weitere spezifische Blockade. Ein Nein besagt, dass dieser Abschnitt jetzt beendet ist.

Manchmal muss eine Narbe mehrmals balanciert werden. Auch gibt es Fälle, in denen diese einfache Form der Korrektur nicht ausreicht. Der Klient braucht fortgeschrittene BodyTalk-Balancen, in denen die Narbe mit anderen Faktoren vernetzt wird. Am häufigsten ist hier die Vernetzung mit den Emotionen.

Kommentar

Es ist wichtig, dass der Körper genauestens auf Narben untersucht wird, bevor irgendeine energetische Therapie angewandt wird. Manche Narben sind zwar sehr klein, stellen aber doch ein Problem dar, weil sie zufällig auf einem bestimmten Akupunkturpunkt oder Meridian liegen. Das bedeutet, dass sie trotz ihrer geringen Größe ein Ungleichgewicht im Energiehologramm hervorrufen können. Mir sind Narben begegnet, die ohne Vergrößerungsglas kaum zu sehen waren und trotzdem Probleme machten, weil sie direkt auf einem Akupunkturpunkt lagen.

Manchmal sind Narben wirklich schwer zu finden. Wir neigen dazu, sie zu vergessen, besonders dann, wenn sie sehr klein sind. Oder wir sehen sie nicht, weil sie in einem Intimbereich des Körpers liegen und unter der Kleidung versteckt sind.

Wenn Sie glauben, die offensichtlichen Narben balanciert zu haben, können Sie fragen, ob noch mehr Narben da sind, die balanciert werden müssen. Ist die Antwort *ja* (schwacher Muskel), müssen Sie die Narben finden, indem Sie eine Serie von Fragen stellen. Zum Beispiel:

„Ist die Narbe am Rumpf?“ *Nein* (starker Muskel).
„Ist die Narbe an den Beinen?“ *Ja* (schwacher Muskel).
„Ist die Narbe am linken Bein?“ *Ja* (schwacher Muskel).
„Ist die Narbe unterhalb des Knies?“ *Nein* (starker Muskel).
„Ist die Narbe an der Vorderseite des Oberschenkels?“ *Ja* (schwacher Muskel).

Dann untersuchen Sie den Oberschenkel, finden die Narbe und balancieren sie.

Ich habe winzige Narben bei Menschen gefunden, die vollständig angezogen waren. Meine Entdeckung wurde bestätigt, nachdem der Klient sich gerade nur so viel entkleidet hatte, dass die Narbe an der Stelle freigelegt wurde, an die mich die innere Weisheit geführt hatte!

Eine kleine Anmerkung zur Narbenbalance an Stellen, wo sich der Klient nicht freimachen will. In manchen Ländern verbieten kulturelle Tabus, sich auszuziehen oder gar den nackten Körper behandeln zu lassen. Das ist ein echte Herausforderung. Sie können versuchen, die Narbe durch die Kleidung hindurch zu balancieren. Das ist oft möglich, wenn die Kleidung nicht synthetisch ist. Funktioniert das nicht, bringe ich dem Klienten bei, wie er die Narbe zuhause von einem Familienmitglied balancieren lassen kann. Wenn man damit keinen Erfolg hat, muss man einfach respektieren, dass manche Menschen – aus welchen Gründen auch immer – lieber krank sind, als ihren Körper zu entblößen, und man muss dann eben auf eine Balance verzichten.

Mit den fortgeschrittenen Vernetzungstechniken des BodyTalk können auch innere Narben und Adhäsionen balanciert werden. Störfelder, Narben und Blockaden wie Muttermale, Hautflecken, Tätowierungen und Verformungen gehören zu den am meisten vernachlässigten Faktoren in der Gesundheitspflege. Doch sie blockieren den Energiefluss, die Nervenleitung und Durchblutung, verzögern die Heilwirkungen und schränken ihren Erfolg ein. Das ist der Grund, warum Narben Teil der Essentiellen GrundBalance bei BodyTalk sind.

Kapitel 16

Organsystem

Nachdem wir nun alle essentiellen Grundbausteine ausbalanciert haben, können wir beginnen, die übrigen Teile des Körper auszugleichen. In diesem Kapitel geht es um die Balance der Organe. Mit Hilfe des BodyTalk-Systems wurde nachgewiesen, dass Fehlfunktionen und Erkrankungen der Organe hauptsächlich daher rühren, dass sie nicht mehr im Einklang mit den anderen Körperteilen sind.

Kein Organ funktioniert für sich alleine, vielmehr ist jedes Organ Teil einer orchestrierten und integrierten Symphonie biologischer Funktionen und hat die Aufgabe, im Dienste einer optimalen Gesundheit im Einklang mit allen anderen Körperteilen zu arbeiten. Mit BodyTalk korrigieren wir jeden Missklang in dieser Symphonie und unterstützen die Wiederherstellung der Normalfunktion. Wenn das erreicht ist, kann der Körper oft die schwersten organischen Probleme selbst heilen.

Pam

Seit mehreren Jahren hatte Pam ihren Chiropraktiker immer wieder wegen ihrer allgemeinen Rückenbeschwerden aufgesucht. Als sie zu einer neuerlichen Rückenbehandlung in seine Praxis kam, sah sie sehr verstört aus. Sie erzählte, dass sie seit über einem Jahr an heftigen Magenschmerzen und Durchfall litt und die ganze Zeit Medikamente einnehmen musste. Nun hatte sie eine Magenspiegelung machen lassen und der Facharzt hatte festgestellt, dass ihr Magen sehr stark angegriffen war und nicht länger medikamentös behandelt werden konnte. Stattdessen sollten mindestens drei Viertel ihres Magens operativ entfernt werden. Er konnte ihr nicht genau sagen, mit welchen Auswirkungen sie zu rechnen hätte und wie ihr Leben nach der Operation aussehen würde. Er wies sie darauf hin, dass dies ein schwer wiegender Eingriff wäre, der sie für immer verändern würde. Drei Wochen später sollte die Operation stattfinden.

Der Chiropraktiker hatte kurz vorher BodyTalk gelernt und schlug vor, es damit zu versuchen. Noch in derselben Woche erhielt Pam zwei weitere BodyTalk-Balancen und fühlte sich eine Woche später schon viel besser. Sie bestand darauf, dass der Facharzt ihren Magen einige Tage vor der Operation noch einmal untersuchte. Als die Narkose abgeklungen war, verkündete der Arzt, dass ihr Magen besser aussehe. Auf die Frage: „Wie viel besser?" bekam Pam die Antwort: „Total in Ordnung!" Der Arzt konnte sich die Heilung nicht erklären, begegnete Pams Bericht über die BodyTalk-Balance aber mit großer Skepsis. Er meinte, die Medikamente hätten wohl endlich angeschlagen.

Das Grundprinzip der Organbalance besteht darin, den Körper zu fragen, welches Organ Priorität für die Balance hat. Anschließend fragen wir mit der Ja-Nein-Kommunikation, mit welchem Organ es vernetzt werden möchte. Der Klient berührt dann *ein* Organ, der BodyTalk-Anwender das andere, während er auf Kopf und Brustbein tippt. So einfach ist das!

Dieser Vorgang wird so lange wiederholt, bis man alle Organkombinationen vernetzt hat, die von der inneren Weisheit angegeben wurden. Zum Beispiel wird in einer Sitzung die Lunge mit dem Dickdarm, die Leber mit der Bauchspeicheldrüse und der Magen mit dem Dünndarm vernetzt.

Die Abbildungen in diesem Kapitel illustrieren die Positionen, in denen Ihre Hände den Körper berühren, um die Organe zu halten. In einigen Fällen berühren Sie natürlich nicht wirklich die Organe. Zum Beispiel können Sie die Lungen oder das Herz nicht durch den Brustkorb hindurch fühlen. An dieser Stelle kommen Intention und Fokus ins Spiel. Wenn Sie Energiekreisläufe ausgleichen, liegt der Schlüssel in Ihrer Intention und Ihrem Fokus. Wenn Sie den Brustkorb berühren und Ihre Intention sich auf die Lunge richtet, wird Ihre innere Weisheit wissen, was Sie tun. Richtet sich Ihre Intention hingegen auf das Herz, wird das Herz darauf reagieren. Die genaue Position spielt dabei keine große Rolle. Das Auflegen der Hände hilft dem BodyTalk-Anwender und dem Klienten einfach nur, sich auf das Organ zu konzentrieren, das gerade balanciert wird.

Gehen wir jetzt die *Fragestellung* und die *Organbalance* (Vernetzung) Schritt für Schritt durch. Ich gehe davon aus, dass Sie an diesem Punkt alle essentiellen Balancen aus diesem Buch ausgeführt haben. Das ist wichtig, denn es macht keinen Sinn, ein Organ zu balancieren, wenn sein Energiefluss durch eine Narbe gestört ist oder die Cortexbereiche aus dem Gleichgewicht sind.

1. Fragen Sie: „Hat der Organausgleich Priorität?" Ist die Antwort *Ja*, gehen Sie weiter zu Schritt 2. Ist die Antwort *Nein*, lassen Sie die Organe in Ruhe und gehen weiter zum Drüsensystem.
2. Nun legen Sie Ihre Hände systematisch auf die Reflexpunkte der Organe (wie auf den Abbildungen gezeigt). Sie beginnen bei den Lungen und sagen: „Haben die Lungen Priorität?" Bei *Ja* gehen Sie weiter zu Schritt 3. Bei *Nein* gehen Sie zum nächsten Organ (Herz) und fragen nach der Priorität. Machen Sie so weiter, bis Sie das Organ gefunden haben, das Priorität hat. Ich schlage vor, dass Sie diese Reihenfolge

einhalten: Lunge, Herz, Leber, Gallenblase, Magen, Milz, Dünndarm, Dickdarm, Blase, Nieren.

3. Bitten Sie den Klienten, das Prioritätsorgan zu berühren (in diesem Fall die Lunge), während Sie systematisch jedes Organ durchgehen und fragen, ob es die richtige Vernetzung für die Lunge darstellt – zum Beispiel: „Mit dem Herzen vernetzen?“ *Nein*. „Mit der Leber vernetzen?“ *Nein*. „Mit dem Magen vernetzen?“ *Ja*. Wenn Sie ein *Ja* erhalten haben, gehen Sie weiter zu Schritt 4.
4. Der Klient berührt das erste Organ (Lunge), der Anwender das zweite, zu vernetzende Organ (Magen). Dabei tippt er mit seiner freien Hand auf dem Kopf und dem Brustbein des Klienten und bittet ihn, je einen tiefen Atemzug zu machen (oder so lange weitermachen, bis die „Energieverlagerung“ eintritt).
5. Die Kontakte werden beibehalten und die Befragung wiederholt, um sicherzustellen, dass die Balance stattgefunden hat. „Hat diese Vernetzung noch Priorität?“ *Nein*.
6. Nun fragen Sie abschließend, ob dieses erste Organ (in diesem Fall die Lunge) noch weiter vernetzt werden muss. „Gibt es weitere Vernetzungen zu diesem Organ? Ist die Antwort *Ja*, müssen Sie wie zuvor den nächsten Vernetzungspartner (ein Organ oder einen anderen Bereich aus BodyTalk) finden und erneut balancieren. Ist die Antwort *Nein*, machen Sie bei Schritt 2 weiter und suchen das nächste zu vernetzende Organ.

Die Position der Organe

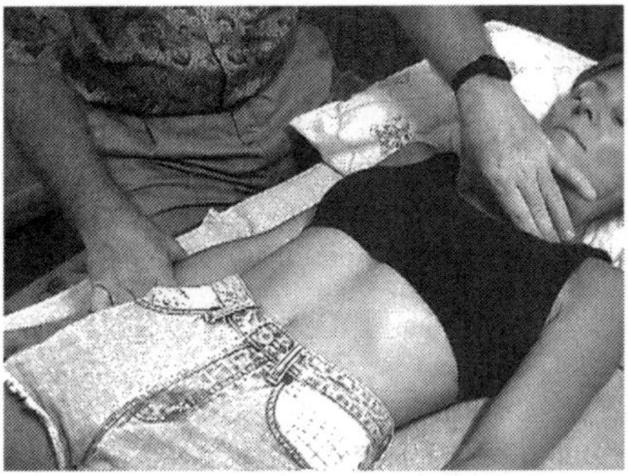

Lunge

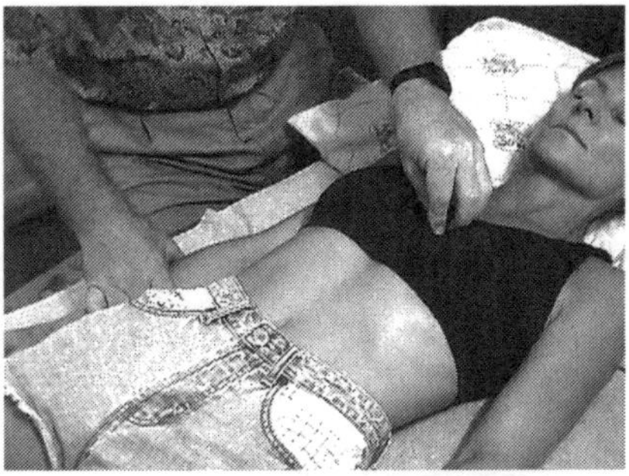

Herz

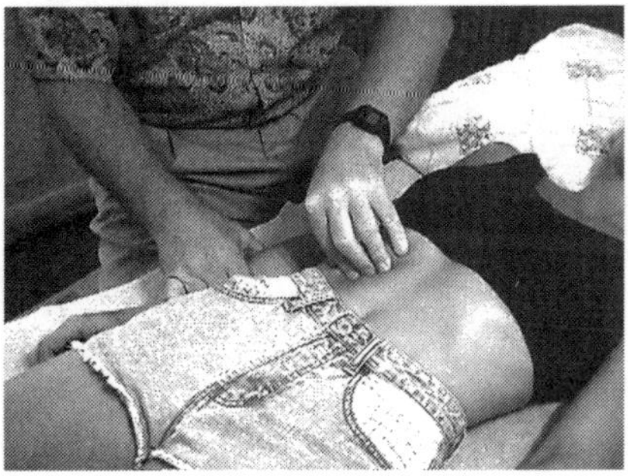

Leber

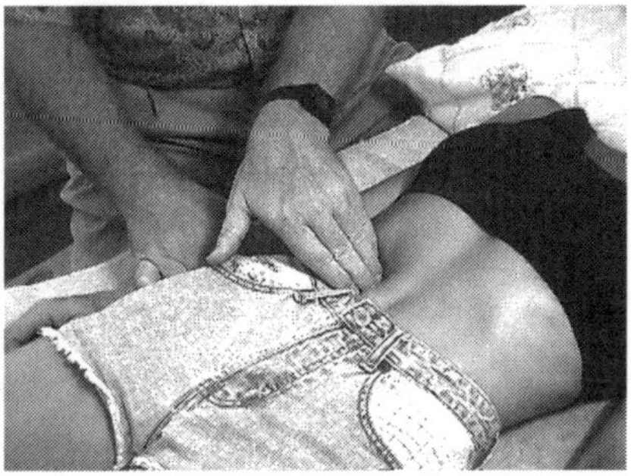

Gallenblase

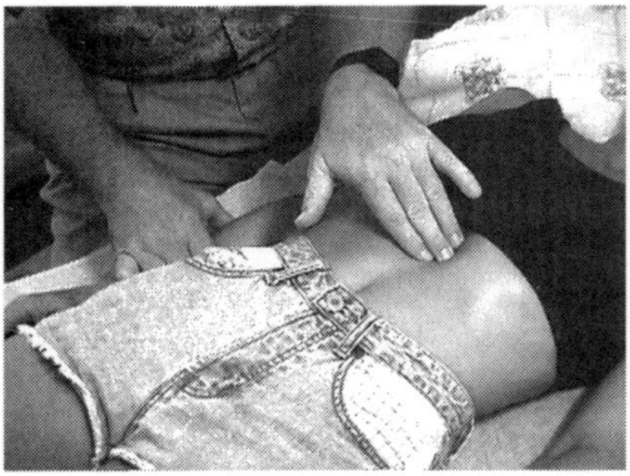

Magen

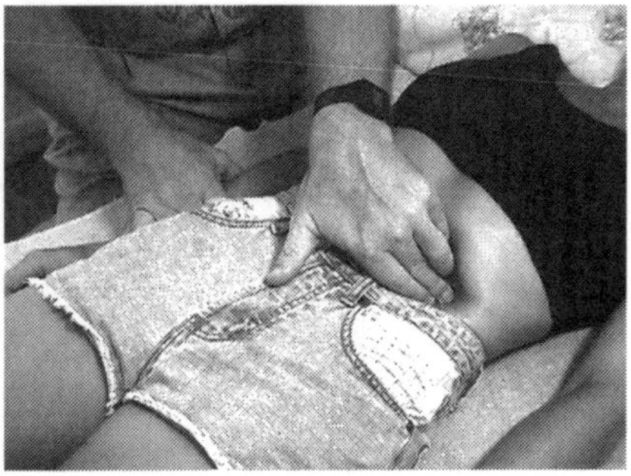

Milz

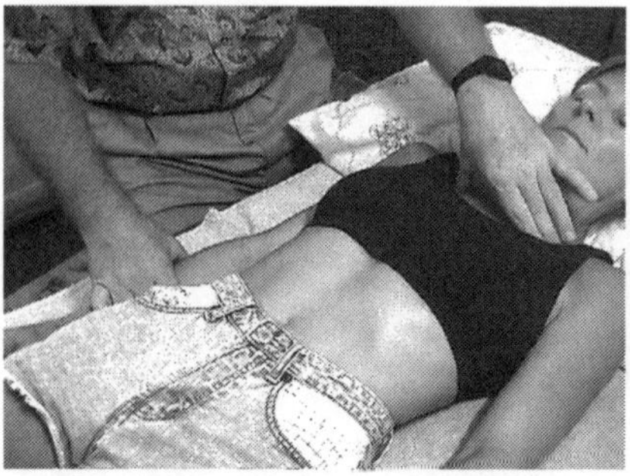

Dünndarm

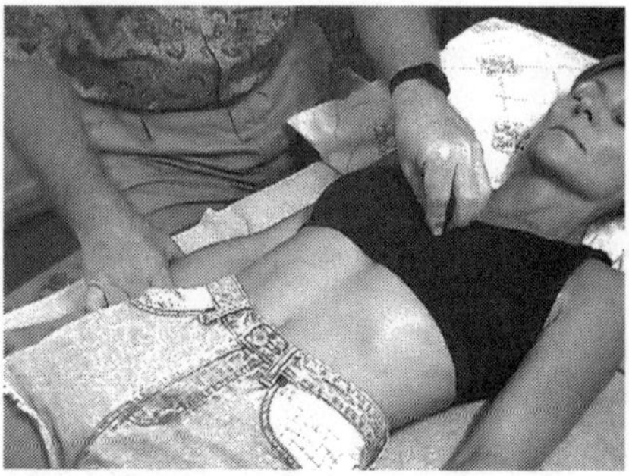

Dickdarm

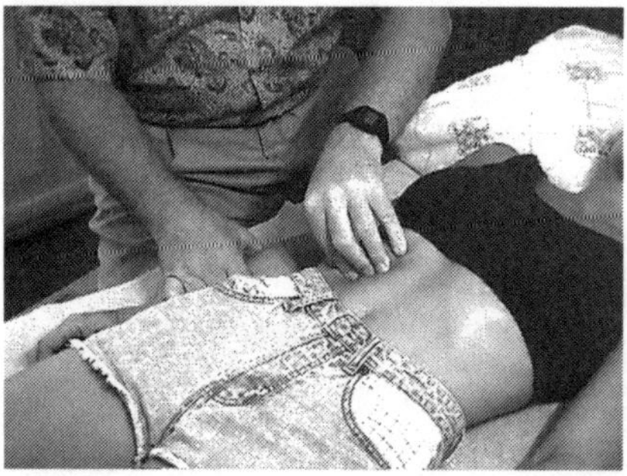

Nieren

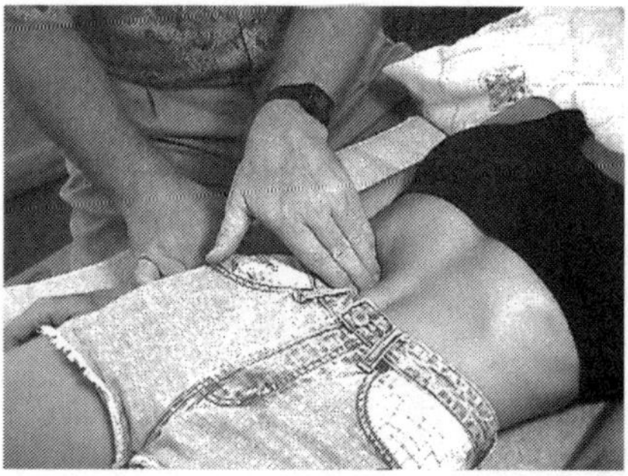

Blase

Die Organbalance kann in vielen Fällen zu hervorragenden Ergebnissen führen. Denken Sie aber daran, dass sie nur einen Teil der Vernetzungen im BodyTalk-System ausmacht. Ein BodyTalk-Anwender wird jeden Aspekt des Körpers vernetzen. Nach den Organen wird er sich die Drüsen und allen anderen Körperteile vornehmen. Eine typische Balance kann mehrere Vernetzungen in vielen verschiedenen Kombinationen umfassen. Hier folgt eine typische Serie von Vernetzungen:

Herz mit Dünndarm, Herz mit Nebennieren, Leber mit Gebärmutter, Hypophyse mit Eierstöcken, Hypophyse mit Zirbeldrüse, Augen mit Magen, Zwerchfell mit Blase, Kreuzbein mit Hinterkopf, Dickdarm mit Haut, linkes limbisches System mit rechter vorderer Hirnrinde, rechtes limbisches System mit Nebennieren.

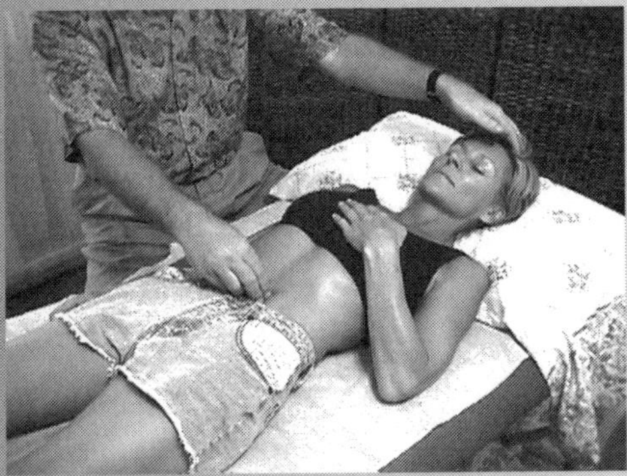

Vernetzung von Dünndarm und Herz

Wenn dieses Buch Sie dazu anregt, BodyTalk zu lernen, können Sie an einem Kurs teilnehmen, in dem alle Vernetzungen unterrichtet werden. Das ist eine sehr aufregende Sache – so als würde man Detektiv spielen. Mit Hilfe der größten Intelligenz im Universum, der inneren Weisheit des KörperGeistes, enthüllen Sie allmählich das Geheimnis hinter der Erkrankung eines Menschen. Die Technik ist ganz einfach. Manchmal gibt es ziemlich komplexe Vernetzungen und Sie müssen ein breites Wissen über alle Vernetzungen entwickeln, die möglich sind. Sie können eine Vernetzung nur abfragen, wenn Sie sie kennen. Je mehr Sie wissen, desto größer wird die Palette von Vernetzungen, die Sie der inneren Weisheit zur Auswahl anbieten können.

Das ist ein faszinierendes Konzept. Allein mit dem Wissen, das Sie in diesem Buch finden, können Sie gute Resultat erzielen. Der Körper wird Möglichkeiten finden, die Vernetzungen, die Sie kennen, für sich zu nutzen. Das wird eine Serie von Energieverlagerungen mit sich bringen, welche die Körperfunktionen korrigieren.

Auch wenn Sie nur zehn Organe kennen, wird der Körper Ihnen eine Reihe von Vernetzungen vorschlagen, mit denen er dieses Wissen für sich einsetzt. Kennen Sie außerdem sieben endokrine Drüsen, dann hat der Körper schon siebzehn Komponenten zur Verfügung, die er auf die verschiedenste Weise verbinden kann. Das ist ein großer Zuwachs an möglichen Kombinationen. Ein BodyTalk-Anwender kennt Hunderte von Vernetzungen. Stellen Sie sich vor, wie viele Kombinationsmöglichkeiten das ergibt!

Je mehr Vernetzungen Sie kennen, desto weniger Verbindungen braucht der Körper meiner Erfahrung nach einzusetzen, um eine Korrektur durchzuführen. Sagen wir, der Körper müsste die Funktion Ihrer Schilddrüse korrigieren und Sie könnten ihm aber lediglich die Organe zur Auswahl anbieten, dann müssten Sie in mehreren Balancen eine Menge ziemlich ausgefeilter Vernetzungen vornehmen, um die Schilddrüse indirekt zu beeinflussen und auszugleichen.

Stehen Ihnen jedoch die Drüsen ebenfalls zur Verfügung, brauchen Sie vielleicht nur die Hypophyse mit der Schilddrüse und die Schilddrüse mit der Leber zu vernetzen, um das Problem in einer Sitzung zu beheben.

Die einfachen Techniken in diesem Buch sind sicher anzuwenden und können bei einer Vielzahl von Problemen sehr hilfreich sein. Denken Sie aber bitte daran, dass wir in diesem Buch bloß die Oberfläche von BodyTalk ankratzen. Wenn Sie umfassende Ergebnisse wünschen, sollten Sie einen BodyTalk-Anwender aufsuchen oder, falls Sie selbst ein Anwender werden wollen, an einem unserer Seminare teilnehmen.

Jim

Jim litt häufig unter Verdauungsbeschwerden. Er war ständig müde, hatte oft Kopfschmerzen und neigte nach dem Essen zu Blähungen und Flatulenz. Es kam ihm vor, als verdaute er sein Essen nicht gründlich genug, und er bemerkte unverdaute Essensreste in seinem Stuhl.

Der BodyTalk-Anwender nahm zuerst eine essentielle GrundBalance vor und stellte dann folgende Vernetzungen her: Leber – Dünndarm, Leber – Bauchspeicheldrüse, Gallenblase – Dünndarm und Magen – Dickdarm. Innerhalb einer Woche hatte Jim wieder normale Verdauung. In den folgenden Wochen stieg seine Energie um ein Vielfaches und auch die Kopfschmerzen verschwanden.

Kapitel 17

Körperchemie

In diesem Kapitel stelle ich Techniken vor, durch die sich BodyTalk als eine der wichtigsten Heilmethoden etablieren dürfte. Mit Körperchemie meine ich viele verschiedene Faktoren wie Viren, Infektionen, Parasiten, Allergien, Nahrungsunverträglichkeiten, toxische Chemikalien und alle anderen unerwünschten Substanzen in unserem Organismus. Die Balance, die ich im zweiten Teil des Kapitels vorstelle, hilft Ihnen, die meisten dieser Faktoren zu beheben. Sie umfasst nicht das gesamte Spektrum, weil ich in diesem Buch nur eine vereinfachte Version erkläre. Sie ist zum Beispiel bei sechzig Prozent der Fälle mit Virenbefall erfolgreich. Für schwierigere Fälle müssen Sie das gesamte BodyTalk-System beherrschen. Im vollständigen BodyTalk-Protokoll, das in den Modulen 1 und 2 unterrichtet wird, gibt es viele weitere Vernetzungen, die den Behandlungsspielraum bedeutend erweitern.

So stehen zum Beispiel viele Nahrungsunverträglichkeiten, Allergien und chronische Viren mit emotionalen Faktoren in Verbindung. Dann muss die Balance der Körperchemie mit einer Balance der aktiven Erinnerungen vernetzt werden, um das betreffende Ereignis im Leben des Klienten aufzuklären, das an der Wurzel des Problems steckt.

Gleichwohl ist die in diesem Kapitel vorgestellte Balance sicher und leicht und wird in den meisten Fällen spektakuläre Ergebnisse bringen. Manchmal reicht eine einzige Balance und schon nach wenigen Stunden sind die Ergebnisse zu erkennen. Wenn ein Familienmitglied an einer akuten Infektion, einem Virus oder einer Allergie erkrankt, können Sie zuerst BodyTalk ausprobieren und sehen, ob eine schnelle Besserung eintritt. Wenn nicht, können Sie einen voll ausgebildeten BodyTalk-Anwender aufsuchen oder, falls Sie keinen finden, sich von Ihrem Hausarzt behandeln lassen.

Viren

Die Behandlung von Viren stellte für die Mediziner schon immer ein Problem dar und noch heute besteht eine Virenbehandlung größtenteils darin, den Körper genügend zu kräftigen, damit er den Virus selbst bekämpfen kann. Es gibt keine effektive Virenbehandlung, durch die der Erreger ebenso vernichtet wird wie Bakterien durch Antibiotika.

Mit dem BodyTalk-System gehen wir das Problem direkt an, indem wir dem Körper klar machen, dass ein Virus in seinem System ist, und ihn anregen, diesen Virus mit einer Immunreaktion zu bekämpfen. Bevor wir das tun, müssen wir den Körper mit der essentiellen GrundBalance vorbereiten, ausgleichen und die entsprechenden Organe vernetzen.

In chronischen Fällen liegt das Hauptproblem darin, dass der Virus jahrelang in unserem Organismus existiert, wo er Chaos produziert und viele verschiedene Symptome wie chronisches Erschöpfungssyndrom, Fibromyalgie und andere Erkrankungen hervorruft. Dann ist das Abwehrsystem des Körpers entweder nicht in der Lage, den Virus wahrzunehmen, oder es will den Kampf mit ihm nicht aufnehmen, weil der Organismus zu ausgelaugt und geschwächt ist. Das ist der Fall, wenn die Kommunikationswege nicht richtig funktionieren und die Synchronizität der Organe eingeschränkt ist.

Uns allen ist klar, dass ein General nur ungern in den Krieg ziehen würde, wenn seine Truppen nicht gelernt hätten, ihre Bewegungen zu synchronisieren, und wenn ihre Kommunikationssysteme außer Betrieb wären. Mit dem BodyTalk-System korrigieren wir die Kommunikationsstörung, indem wir die Systeme ausgleichen und vernetzen. Dann ist der Körper bereit, seine Arbeit zu tun.

Auch die Behandlung von Bakterien hat sich für die Allgemeinmediziner zu einem Problem entwickelt. Antibiotika sind zu Beginn zwar hilfreich, doch langfristig setzt sich die Natur gegen sie zur Wehr. In der heutigen Zeit sind viele Bakterienstämme resistent gegenüber den üblichen Antibiotika geworden. Die Pharmaindustrie hat im Laufe der Zeit zwar immer stärkere Antibiotika hergestellt, diese haben aber leider viele Nebenwirkungen. Sie töten neben der Infektion auch die gesunden Bakterien ab. Das Erscheinen von „Superbakterien", die auf viele (manche sogar auf alle) bekannten Antibiotika resistent reagieren, hat die Situation noch verschärft.

Das Hauptproblem liegt darin, dass es sehr schwer ist, ein spezifisches Antibiotikum für die Bekämpfung eines spezifischen Bakterienstammes herzustellen. Die Antikörper arbeiten meistens mit Breitbandwirkung und vernichten alles, was sich ihnen in den Weg stellt.

Mit dem BodyTalk-System kommen wir der Infektion dagegen genau auf die Spur und bitten dann den Körper, diese spezielle Infektion zu balancieren. Das Immunsystem produziert daraufhin einen spezifischen Antikörper, der nur diese eine Infektion zum Ziel hat. Das ist eine wirklich gute Nachricht, denn nun können wir Infektionen balancieren, ohne gleichzeitig alle gesunden Bakterien abzutöten. Eine Kur mit Antibiotika schwächt bei den meisten Menschen das Immunsystem und fördert das ungehemmte Wachstum von Candida.

Außerdem braucht es Wochen oder sogar Monate, um wieder eine gesunde Darmflora aufzubauen.

In manchen akuten Fällen kann das BodyTalk-System nicht alle Bakterien so schnell beseitigen wie nötig – aber meistens gelingt es. Das allein ist eine grandiose Entwicklung für die Gesundheitsfürsorge des 21. Jahrhunderts.

Jenny

Jenny war 26 Jahre alt, als bei ihr eine Fibromyalgie festgestellt wurde. Als sie mit 35 zu mir kam, litt sie unter ständigen Schmerzen, starker Erschöpfung und täglichen Kopfschmerzen und all ihre Körperteile waren wund und berührungsempfindlich. Mit Hilfe des BodyTalk-Protokolls stellte ich fest, dass mehrere Organe nicht gut miteinander kommunizierten und vernetzt werden mussten: die Leber mit der Bauchspeicheldrüse, die Nieren mit dem Dickdarm und der Magen mit dem Dickdarm. Dann fragte ich ihren Körper, ob irgendwelche bakteriellen oder viralen Infekte vorlagen, und die Antwort war „Ja". Ihre innere Weisheit entdeckte drei Arten von Viren und zwei Infektionen, die alle chronisch waren. Nach der Balance bemerkte Jenny einen leichten Temperaturanstieg, und drei Stunden später lag ihre Körpertemperatur bei 40° C. In den drei folgenden Tagen blieb sie mit leicht erhöhter Temperatur im Bett, weil die vielfältigen Heilungsprozesse sie ermüdeten.

Eine Woche später kam sie wieder zu mir. Sie fühlte sich wesentlich besser, war weniger müde, hatte keine Kopfschmerzen mehr und auch die Schmerzen hatten nachgelassen. Ihr Körper gab an, dass noch ein Virus vorhanden war. Dieser wurde so balanciert, wie es dieses Kapitel darstellt, und ihre innere Weisheit bat um eine weitere Sitzung in einem Monat. Einen Monat später kam Jenny strahlend in meine Praxis und umarmte mich herzlich. Alle Symptome waren verschwunden! Ich gab ihr eine allgemeine Ausgleichsbalance, um den gesunden Zustand zu festigen.

Paul

Der zehnjährige Paul kam wegen Dyslexie-Problemen zu einer zweiten Sitzung. Seine Mutter erzählte, dass er eine Erkältung abbekommen hatte, die in seiner Schule die Runde machte. Er litt unter starken Halsschmerzen, war sehr müde und hustete grünlichen Schleim ab. Seine Mutter hatte am selben Tag einen Arzttermin ausgemacht, fragte mich aber, ob ich nicht irgendetwas tun könne. Sie wolle ihrem Sohn keine Antibiotika mehr geben, da er in den letzten zwei Monaten schon zwei Mal damit behandelt worden war.

Die BodyTalk-Kommunikation wies auf eine akute bakterielle Infektion und einen akuten Virus hin. Ich balancierte ihn mit den Methoden, die in diesem Buch beschrieben sind, und seine Mutter sagte den Arzttermin ab. Am nächsten Tag rief sie an, um mir mitzuteilen, dass Paul gesund aufgewacht und wieder zur Schule gegangen war.

Parasiten

Parasiten stellen die Gesundheitsfürsorge vor ein weiteres Problem. Inzwischen ist bewiesen, dass es weitaus mehr Parasiten gibt, als den meisten Menschen bewusst ist. Die häufigsten Parasiten gelangen mit der Nahrung in den Körper und befinden sich im Darm. Im der akuten Phase führen sie zu Durchfall, Übelkeit und Erbrechen. Manchmal beruhigen sich die Symptome wieder, doch die Parasiten bleiben im Darm und verursachen Verdauungsstörungen und Reizungen. Das sind die Parasiten, die bei einer Stuhluntersuchung zu Tage treten. Es gibt Medikamente, die solche Parasiten abtöten, doch sie wirken so heftig, dass viele Patienten unter der Behandlung genauso leiden wie unter den ursprünglichen Beschwerden! Außerdem sind diese Mittel recht giftig und können Sie monatelang belasten und krank machen.

Eine BodyTalk-Balance vernichtet die meisten Parasiten in ein bis zwei Tagen – ja, manchmal schon in wenigen Stunden. Ich habe Hunderte von Parasitenbalancen durchgeführt und bisher gab es nur einen Fall, in dem der Klient trotzdem Medikamente einnehmen musste. (Einige der großen Parasiten in Südamerika sind ziemlich hartnäckig!)

Terry

Terry fuhr wenige Wochen nach einem Wirbelsturm auf die britischen *Virgin Islands*, um beim Wiederaufbau zu helfen. Bei ihren letzten Besuchen hatte sie das örtliche Trinkwasser direkt aus der Leitung getrunken, weil es sehr sauber war. Aus alter Gewohnheit tat sie das auch dieses Mal, obwohl man nach einem Wirbelsturm davor gewarnt wird, unbehandeltes Wasser zu trinken, weil das Leitungswasser sich leicht mit den Abwässern vermischt.

Als Terry in meine Praxis kam, brachte sie zwei Eimer mit – für jeden Körperausgang einen. Sie war extrem krank. Ihre innere Weisheit teilte mir mit, dass ihr Körper sieben verschiedene Parasiten beherbergte, vier davon in den Eingeweiden. Außerdem litt sie unter einer Darminfektion.

Am folgenden Tag hatte der heftige Brechdurchfall aufgehört, aber sie war immer noch sehr krank. Weitere Tests ergaben, dass einer der Parasiten immer noch präsent war. Ich machte eine weitere Balance und führte komplexe Vernetzungen zu ihrem Drüsen- und Lymphsystem durch. Zwei Tage später war sie wieder gesund – und das ohne Medikamente!

Es ist allgemein bekannt, dass es Parasiten in den Eingeweiden gibt, und sie werden von Ärzten und Heilpraktikern auf verschiedenste Weise behandelt. Doch kaum jemand denkt an eine andere Art von Parasiten • die Mikroparasiten, welche sogar durch die Darmwände, die kleinsten Körperöffnungen und die Haut passieren können. Sie nisten sich in Organen, Drüsen, Lymphgefäßen und allen anderen Körperbereichen ein, in denen sie sich verstecken und vermehren können. Für sich genommen produzieren sie keine bedeutenden Symptome und leben oft jahrelang unbemerkt an derselben Stelle. Die Hauptgefahr, die von diesen Parasiten ausgeht, hat damit zu tun, dass sie die Funktionsweise ihres Wirtes beeinträchtigen. Chronische Parasiten schädigen das Organ, in dem sie sich befinden. In den Drüsen beeinträchtigen sie die endokrinen Funktionen.

Diese Parasiten können mit normalen Laboruntersuchungen nicht entdeckt werden. Bei einer Stuhluntersuchung werden (manchmal) die Parasiten entdeckt, die in den Därmen leben. Von einem Klienten, der von Beruf Pathologe ist, wollte ich wissen, ob er jemals Mikroparasiten in den Drüsen gefunden habe, und seine Antwort war Ja. „Wie haben Sie diese Parasiten entdeckt?", fragte ich ihn. „Bei Autopsien!", war seine Antwort.

Rusty

Rusty litt schon seit langem unter Erschöpfungszuständen und starker Zuckersucht; er hatte auch Schwierigkeiten, mit Stress umzugehen. Seine chronischen Rückenschmerzen in der Nierengegend verschlimmerten sich, wenn er müde war. Er hatte sich bereits umfassend mit konventionellen und alternativen Methoden behandeln lassen. Im Verlauf einer BodyTalk-Sitzung fragte ich den Körper routinemäßig, ob er Parasiten habe, und er sagte Ja. Ich fragte, wo die Parasiten sich genau befänden (das wird in den BodyTalk-Seminaren unterrichtet), und bekam die Antwort, dass sich Mikroparasiten in Rustys Nebennieren befänden. Diese Drüsen liegen oberhalb der Nieren und ihr Parasitenbefall war der Grund für seine Rückenschmerzen.

Teil der Balance bei seinen Parasitenproblemen war bei ihm der Ausgleich der Körperchemie, der gleich vorgestellt wird. Dann mussten seine Nebennieren mit Leber und Bauchspeicheldrüse vernetzt werden, um seinen Blutzuckerspiegel zu stabilisieren. Außerdem vernetzte ich seine Nebennieren mit der Hypophyse, um seinen Körper wieder in die Lage zu versetzen, Stress zu verarbeiten. Nur eine Sitzung war nötig gewesen und zwei Wochen später waren all seine Beschwerden verschwunden.

Allergien und Nahrungsunverträglichkeiten

Es ist schwierig, Allergien auf eine Weise zu behandeln, die dauerhafte Resultate erzielt. Die im Folgenden vorgestellte Balance der Körperchemie wird bei einfachen Fällen sehr erfolgreich eingesetzt. Eine typische jahreszeitlich bedingte Reaktion auf Eichenpollen wird meistens nach einer Stunde neutralisiert und kehrt für den Rest der Saison nicht zurück. Bei einem verhältnismäßig gesunden Menschen mit einer milden Allergie wirkt diese Balance Wunder. Bei schwer wiegenden Fällen mit lebenslangen multiplen Allergien ist der Erfolg dieser Balance allerdings nur von kurzer Dauer – außer bei den gelegentlichen Wundern. Wenn es sich um ernsthafte Allergien handelt, muss das komplette BodyTalk-Protokoll von einem voll ausgebildeten BodyTalk-Anwender durchgearbeitet werden.

Das Gleiche gilt für Nahrungsallergien und Umweltgifte, wie zum Beispiel Quecksilbervergiftungen. Einfache Fälle reagieren gut auf die Verfahren, die in diesem Buch beschrieben werden. Schwere Fälle lassen sich ebenfalls hervorragend mit BodyTalk balancieren, doch dazu muss das gesamte Protokoll durchgegangen werden, will man dauerhafte Resultate erzielen.

Alan

Alan kam zu einer Sitzung, weil er seinen Rücken bei der Gartenarbeit überanstrengt hatte. Außerdem war seine Nase verstopft, sein Hals geschwollen und seine Augen gerötet. Er sah erbärmlich aus und erklärte, dass er am vorherigen Tag den Rasen unter seinen Fichten gemäht habe und wie jedes Jahr auf die Pollen reagiere. Er wolle keine Medikamente einnehmen, weil er sich dadurch funktionsunfähig fühle.

Er wusste nicht, dass man mit BodyTalk auch Allergien balancieren kann, und war glücklich über die Vorstellung, im Zuge seiner Rückenbalance auch seine Allergien in den Griff zu kriegen. Als ich ihn eine Woche später zur Folgesitzung sah, war sein Rücken auf dem Wege der Besserung – seine Allergien hingegen waren gleich am Tag nach der Balance verschwunden. Er hatte auch wieder im Garten gearbeitet, ohne irgendwelche Beschwerden zu bekommen.

Fragestellung und Balance bei der Körperchemie

- Sie haben zuvor alle Balancen durchgeführt, die bisher im Buch besprochen worden sind. Das ist sehr wichtig, weil der Klient auf diese Weise vorbereitet wird und sein KörperGeist auf alle weiteren Schritte angemessen ansprechen kann.
- Dann fragen Sie: „Hat die Körperchemie Priorität?“ Ist die Antwort „Ja“, gehen Sie weiter zum nächsten Schritt. Ist die Antwort „Nein“, so ist der Körper nicht bereit, balanciert zu werden – selbst wenn vielleicht ein Problem vorliegt. Es kann sein, dass er sich ein paar

Stunden oder Tage von den vorhergegangenen Balancen erholen muss. Es kann aber auch sein, dass in diesem Bereich kein Problem vorliegt. Es gibt ja auch noch gesunde Menschen!

• Reiben Sie das Zahnfleisch des Klienten mit einem Wattestäbchen oder einem kleinen Stückchen Watte, um etwas Spucke und Spuren von Blut als Anhaltspunkt für den Körper zu erhalten. Legen Sie dieses Wattestäbchen auf einen Platz am Körper, der einen hohen Energiepegel hat, zum Beispiel auf den Bauchnabel. Falls das nicht geht, weil die Kleidung des Klienten stört, können Sie das linke Ohr oder das Brustbein nehmen. Dieses speichelgetränkte Wattestäbchen bildet jetzt den Informationsfokus, über den die innere Weisheit erfahren kann, was im Körper vor sich geht.

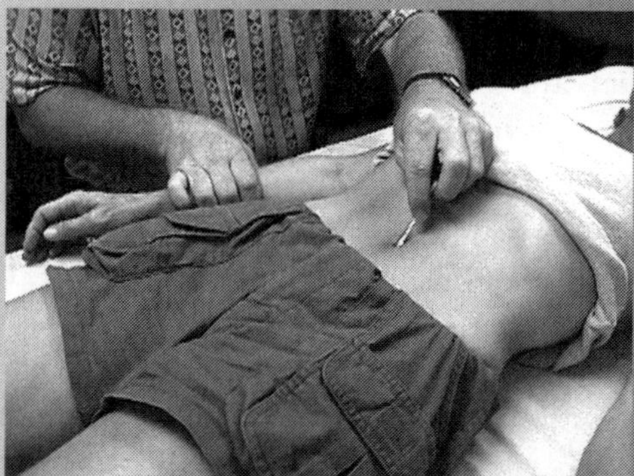

Fragestellung mit Wattestäbchen auf dem Nabel

- Fragen Sie (mit Hilfe der Kommunikation), welches Problem Priorität hat. Zum Beispiel: „Hat ein Virus Priorität?“ Ist die Antwort ein *Ja*, gehen Sie zum nächsten Schritt weiter und balancieren den Virus. Ist die Antwort ein *Nein*, stellen Sie die nächste Frage. „Hat eine Infektion Priorität?“ Bei einem *Ja* balancieren Sie die Infektion. Bei einem *Nein* gehen Sie weiter, bis Sie herausfinden, was der Körper balancieren will – zum Beispiel Parasiten, Allergien, Giftstoffe.
- Teilen Sie Ihrem Klienten mit, was Sie balancieren werden (z. B. einen Virus), und bitten Sie ihn, seine Hände so auf beide Seiten des Kopfes zu legen, dass sie die Schläfen und die obere Hälfte der Ohren bedecken. Dadurch wird das limbische System auf eine Weise vernetzt, die für diese Balance nötig ist. (Der genaue Grund dafür wird in diesem Buch nicht besprochen – erfreuen Sie sich einfach an den Ergebnissen!)
- Der Klient lässt seine Hände am Kopf, während Sie die Cortexbereiche wie bei der grundlegenden Cortexbalance in Kapitel 13 balancieren:

1. Dafür legen Sie Ihre Hand an den Übergang zwischen Schädelbasis und Nacken des Klienten und tippen je einen vollen Atemzyklus lang abwechselnd auf Kopf und Brustbein.
2. Legen Sie Ihre Hand nun ein Stück höher auf den Kopf, um nach und nach den ganzen Schädel abzudecken. Tippen Sie in dieser Position ebenfalls einen Atemzyklus lang abwechselnd auf Kopf und Brustbein.
3. Wiederholen Sie diesen Vorgang, bis Sie den gesamten mittleren Bereich Kopfes abgedeckt haben. Das braucht meistens vier Positionen – bei einer kleinen Hand auch fünf. Sie brauchen die Kopfseiten nicht wie bei der grundlegenden Cortexbalance abzudekken – das erledigt ja bereits der Klient.

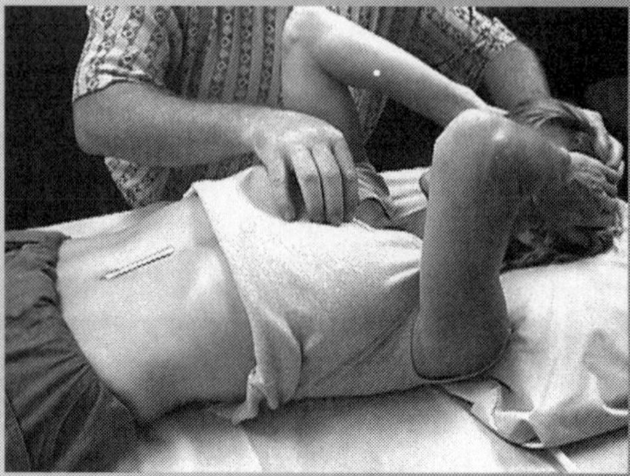

Cortexbalance mit Speichel

Rückfrage

Fragen Sie jetzt erneut in Bezug auf die Störung nach, die Sie balanciert haben (z. B. Virus): „Hat dieser Virus noch Priorität?“ Ist die Antwort ein *Nein*, gehen Sie weiter zur nächsten Frage (Infektion, Parasiten usw.).

Wenn Sie auf einen Virus balanciert haben, wird es manchmal heißen: Ja, da ist ein Virus. Das bedeutet, dass noch ein zweiter Virus da ist, den Sie spezifisch balancieren müssen. Sie können fragen: „Ist da ein zweiter Virus?“ Wenn Sie ein Ja erhalten, müssen Sie die gesamte Balance für diesen zweiten Virus wiederholen. Oft reicht auch eine einzige Balance für mehrere Viren. Das kann verwirrend sein, und in unseren Seminaren unterrichten wir einen festen Ablauf, der das klärt. Wir können tatsächlich auch fragen, wie viele Viren, Infektionen und so weiter vorhanden sind und wo sie sich befinden. Das ist zwar manchmal interessant, hat aber auf die Resultate keinen Einfluss. Führen Sie einfach die beschriebene Balance durch und dem Klienten wird es besser gehen.

Wenn Sie einen Virus balancieren, müssen Sie daran denken, dass der Körper eine Immunreaktion zeigen wird. In vielen Fällen wird die Temperatur ein paar Stunden oder sogar Tage lang ansteigen. Das ist ein natürlicher Teil des Heilungsprozesses. Bei akuten Viren wird der Klient keinen Unterschied feststellen, weil seine Temperatur sowieso schon erhöht ist. Bei chronischen Viren wird der Klient über den plötzlichen Temperaturanstieg erstaunt sein, der die Heilung begleitet. Denken Sie daran, ihn rechtzeitig zu warnen, damit er nicht in Panik gerät.

Dann gibt es Klienten, deren Blut schon auf Viren getestet wurde. Sie bringen einen pathologischen Befund mit, der zum Beispiel auf den Epstein-Barr-Virus hinweist. Denken Sie daran, dass derartige Tests sich meistens auf die Anwesenheit von Antikörpern oder Antigenen beziehen. Normalerweise stellen pathologische Tests nicht fest, ob es wirklich Viren im Körper gibt, weil das gar nicht direkt nachgewiesen werden kann.

Wenn Sie einen chronischen Virus mit BodyTalk balancieren und der Klient sich eine Woche später einem Bluttest unterzieht, kann es sein, dass er gesagt bekommt, sein Zustand habe sich verschlechtert, weil die Werte rapide in die Höhe gegangen seien. Der Arzt sieht jedoch einen sehr gesunden Menschen vor sich und muss sich eingestehen, dass er den Test anders auswerten muss. Er muss bedenken, dass ein hoher Antikörper-Wert auf eine Immunreaktion des Körpers hindeutet. Dieser hat die Antikörper vermehrt, um den Virus zu bekämpfen – in diesem Fall also ein gutes Zeichen.

Die soeben besprochene Balance ist sehr spannend. Sie verspricht Hoffnung für all die Millionen von Menschen, die an chronischen und akuten Viren, Infektionen, Parasiten und dem riesigen Spektrum von chemischen Giftstoffen und allergischen Reaktionen leiden.

Wie schon zu Beginn dieses Kapitels erwähnt gibt es hartnäckige Fälle, bei denen nur ein vertieftes Wissen von BodyTalk die erwünschten Resultate bringt. Ich bin mir sicher, dass es auch Fälle geben wird, die gar nicht ansprechen und medikamentös behandelt werden müssen.

Beginnen Sie zunächst einfach damit, die Balance an Freunden und Familie auszuprobieren und damit ihre Gesundheit zu verbessern. Und zögern Sie nicht, bei schwierigen Fällen, die Sie noch nicht beherrschen, professionelle Hilfe zu suchen.

Kapitel 18

Die Chakren

Die folgenden Seiten bringen größtenteils Auszüge aus dem Buch *Reiki: The Science, Metaphysics and Philosophy*, das ich zusammen mit meiner Frau Esther geschrieben habe. Viele Heilsysteme sind hervorragend dazu geeignet, die Chakren zu balancieren und auszugleichen. Reiki ist ein solches System, das hervorragende Resultate bringt. Ich habe verschiedene Teile des Reiki für BodyTalk umgearbeitet.

In diesem Kapitel möchte ich erläutern, wie wichtig die Chakren und ihre Funktionen sind. Am Ende des Kapitels werde ich Ihnen zeigen, wie Sie das BodyTalk-Protokoll nutzen können, um die Chakren effektiv auszugleichen.

Über das Chakrensystem, das den Körper mit Energie versorgt, sind viele Bücher geschrieben worden. Ein Kapitel reicht nicht aus, um diesem Thema gerecht zu werden. Doch um das Potenzial von BodyTalk als Wegbereiter für persönliche und spirituelle Entwicklung zu erkennen, ist es hilfreich, ein minimales Verständnis dieser Energiezentren zu besitzen.

Unser physischer Körper besteht aus verschiedenen unterschiedlich schwingenden Energieformen. Unser grobstofflicher (d. h. greifbarer) Körper enthält verschiedene Energiezentren, deren Schwingungsbereich höher liegt als alle der Wissenschaft bekannten Frequenzen. Diese Zentren sind Mystikern in verschiedenen Teilen der Welt schon lange bekannt. Der Ausdruck *Chakra* kommt aus dem Sanskrit und bedeutet „kreisende

Bewegung". Weitere Übersetzungen lauten „sich schnell drehender Energiewirbel" oder „Rad".

Überlieferungen behaupten, dass es mehr als dreihundert solcher Energiewirbel im menschlichen Körper gibt. In diesem Kapitel werde ich mich auf die sieben Hauptchakren konzentrieren.

Die ersten Entwicklungsstufen des Embryos betreffen das zerebrospinale System. Dieses System versorgt den Körper mit seiner Lebenskraft. Die sieben Hauptchakren sind Zentren hochfrequenter physischer und psychischer Energie, die sich in unmittelbarer Nähe zum zerebrospinalen System befinden. Diese Energiezentren dienen sozusagen als Energiegeneratoren für den sich entwickelnden Organismus.

Sie sind aber auch Transformatoren, welche die feinstofflichen Energienfrequenzen herabstufen und sie dem physischen Körper als Nerven-, Zell- und Hormonenergie verfügbar machen. Die Kanäle oder subtilen Wege, die diesen Austausch zwischen psychischer und physischer Energie ermöglichen, heißen *Nadis.*

Verschiedene wissenschaftliche Studien haben endlich bewiesen, dass die Chakren existieren. Daher beginnt die Wissenschaft, die uralten Lehren der Mystiker über die Bedeutung der Chakren für den physischen Körper anzuerkennen. Fehlfunktionen auf der Ebene der Chakren und Nadis spiegeln sich direkt in pathologischen Störungen des Nerven- und Drüsensystems, die sich wiederum auf den gesamten KörperGeist auswirken. Die Chakren stehen in direkter Verbindung zu höheren Bewusstseinsstufen und damit zu unserer inneren Weisheit. Gut funktionierende Chakren sind die Vorbedingung für die Fähigkeit der inneren Weisheit, ihre Aufgabe zu erfüllen und das gesamte KörperGeist-System zu koordinieren.

Die physischen, mentalen und spirituellen Aspekte des Körpers wirken zusammen und stehen in enger

Verbindung miteinander. Man muss also wissen, dass jede Störung auf der physischen Ebene ihre Entsprechung auf der feinstofflichen Ebene hat und umgekehrt. In den folgenden Ausführungen habe ich die Dynamik der Chakren nach emotionalen, mentalen, physiologischen und spirituellen Gesichtspunkten zusammengefasst.

Die sieben Hauptchakren haben viele verschiedene Entsprechungen. In diesem Kapitel befasse ich mich nur mit denen, die für uns von Bedeutung sind. Die wichtigste Entsprechung betrifft die Drüsen. Das Drüsensystem regelt die Hormonsekretion in den Blutstrom. Diese Sekretionen bestimmen das Wachstum, die sexuelle Entwicklung und viele andere physiologische Funktionen.

Den Chakren entsprechen auch bestimmte Organe, Eigenschaften, Emotionen, Farben und Elemente. Es gibt viele unterschiedliche Informationen über die Chakren, doch wir müssen uns klar machen, dass dieser Themenbereich unglaublich vielschichtig ist. An dieser Stelle betrachten wir nur die oberste Schicht eines hochgradig differenzierten Systems.

Wurzel-Chakra

Das erste Chakra befindet sich am Ende der Wirbelsäule im Genitalbereich und wird auf Deutsch Wurzel-Chakra genannt. Dieses Chakra steht in Kontakt mit den Nieren und Nebennieren. Sein Element ist die Erde. Die Emotion oder Eigenschaft dieses Chakras ist die Angst.

Es ist sehr wichtig, dass wir die Chakren auch als Bewusstseinszentren verstehen, durch die wir uns ausdrücken. Vielleicht sollte man sagen, dass wir uns im *Idealfall* durch sie ausdrücken – doch in den meisten Fällen begrenzen wir unseren Ausdruck bewusst oder unbewusst auf einige wenige dieser Zentren.

In den ersten sieben Jahren unserer Entwicklung drücken wir uns hauptsächlich durch diesen ersten Sitz des Bewusstseins aus. Unser Interesse richtet sich hauptsächlich darauf, gefüttert und umsorgt zu werden, unsere Windeln gewechselt zu bekommen und einfach nur zu überleben. Deshalb wird das Wurzel-Chakra auch oft Überlebens-Chakra genannt.

Wenn wir uns als Erwachsene auf gesunde Weise durch dieses Chakra ausdrücken, sind wir gut geerdet oder verwurzelt – daher auch der Bezug zum Erdelement. Wir sind hochmotiviert, weil die Emotion der Angst notfalls den „Flucht- oder Kampf-Mechanismus" auslöst, der uns in Gang bringt. Wir haben ein gutes Gefühl für unseren Platz in der materiellen Welt und fühlen uns sicher.

Ist der Ausdruck über das Wurzel-Chakra begrenzt, äußert sich das häufig als Unsicherheit in Bezug auf die materielle Welt. Das kann zu Gewalttätigkeit und zu Habsucht führen. Der Betreffende fühlt sich meistens „ungeerdet" und nicht im Einklang mit seinem Umfeld oder manchmal einfach unverbunden. Menschen mit schwachem Wurzel-Chakra haben stets Schwierigkeiten, Geld zu manifestieren oder mit ihm umzugehen. Sie werden oft als „Luftikusse" bezeichnet und es fällt ihnen schwer, ein geordnetes Leben zu führen.

Sexual-Chakra

Im Alter von etwa sieben bis vierzehn Jahren entdecken wir unseren sexuellen bzw. sinnlichen Körper. Wir werden uns unseres physischen Körpers und unserer Individualität bewusst. Gleichzeitig entwickeln sich unsere Vorstellungskraft und Kreativität.

Das Sexual-Chakra steht mit dem Yin-Aspekt der Nieren, den Eierstöcken bei der Frau und der Prostata beim Mann in Verbindung. Sein Element ist das Wasser (die Essenz des Lebens) und es hat mit den Körperflüssigkeiten wie Blut, Urin, Lymphe und so weiter zu tun.

Wer in diesem Chakra gut verankert ist, hat einen gesunden Körper, ein klares Gewahrsein und ein hoch entwickeltes Selbstwertgefühl. Seine Individualität äußert sich in einem kreativen Leben. Er hat eine gesunde Wertschätzung für seine Sexualität und deren Ausdruck und kann deshalb tiefe Freude empfinden.

Leider gibt es nur wenige Menschen, die sich auf dieser Ebene des Bewusstseins frei ausdrücken. Wenn wir als Kinder die Phase erreichen, in der wir uns über das Sexual-Chakra ausdrücken sollten, müssen wir oft Dinge hören wie: „Du bist jetzt doch schon groß! Da läuft man nicht mehr nackt herum." (Das heißt, man muss jetzt eine Maske tragen und es gibt Gründe, warum man diese Körperteile verstecken muss.) Oder: „Fass dich da nicht an", und so weiter. Junge Frauen lernen, sich für ihre „Tage" zu schämen, und werden auf die Schrecken und Probleme des Frauseins vorbereitet. Jungen Männern wird selten genug beigebracht, die Angst vor dem mysteriösen Weiblichen zu verlieren.

Inzest, Misshandlung und Berührungsentzug sind traurige Tatsachen im Leben vieler Kinder. Wenn wir in Bezug auf unseren physischen, sinnlichen Körper negativ programmiert werden, lernen wir schnell, ihn nicht mehr sensibel wahrzunehmen. Wir hören auf, uns über dieses Chakra auszudrücken, denn unser Umfeld lehnt das ab und es bringt uns nichts als Probleme. Tun wir es dennoch, sind wir wahrscheinlich nicht in der Lage, sexuelle Freuden zu empfinden oder uns sexuell oder kreativ auszudrücken. Die Gefühle von Unzulänglichkeit, die daraus resultieren, finden ihren Ausdruck unweigerlich in einer Besitz ergreifenden, eifersüchtigen Persönlichkeit.

Eierstockzysten und -tumore, Brustprobleme und alles, was mit den Fortpflanzungsorganen in Zusammenhang steht, (wie Sterilität, Impotenz, prämenstruelles Syndrom, zwanghaftes Sexualverhalten), können darauf hindeuten, dass die Betreffenden sich entschieden haben, den gesunden Ausdruck über ihr Sexual-Chakra abzublocken.

Der größte Teil der krankhaften Vorgänge in unserem Leben basiert auf mangelndem Selbstausdruck in diesem Bereich. Wenn wir unseren physischen Körper ablehnen, lehnen wir uns selbst ab. Selbstablehnung zehrt am Immunsystem. Wenn wir unsere Sinnlichkeit ablehnen, unterdrücken wir unsere Lebenskraft. Wir schneiden uns von unserer angeborenen Fähigkeit ab, Freude zu empfinden, oder geben ihr keinen Raum.

Solarplexus-Chakra

Im Alter von etwa vierzehn Jahren erreichen wir das Entwicklungsstadium, in dem wir beginnen, unsere persönliche Macht (im positiven Sinne) sowie die Fähigkeit zu entwickeln, unsere Träume zu manifestieren. Die meisten von uns haben mit den ersten beiden Chakren schon schwierige Zeiten durchgestanden und das Gefühl für die persönliche Macht ist oft verdreht, begrenzt oder nicht vorhanden, wenn wir diese Stufe erreichen.

Das Solarplexus-Chakra hat mit dem Magen (Verdauung), der Milz (Umwandlung und Reinigung des Blutes), der Bauchspeicheldrüse (Sekretion von Verdauungssäften, Pankreatin und Insulin), der Leber (Gallenproduktion, Verwandlung von Kohlenhydraten in Glukogen/Energie) und der Gallenblase (Gallenspeicher) zu tun. Diese Organe sind für die Verdauung und Assimilation unserer Nahrung sowie für unsere Emotionen zuständig.

Wenn ein gesunder Körper den Verdauungs- und Assimilationsprozess der Nahrung beendet hat, beginnt der organische Verdauungsprozess der Emotionen. Wir leiden unter der Fehlannahme, dass ein knurrender Bauch bedeutet, wir hätten Hunger. Bauchknurren und Divisgluckern sind die Geräusche der Peristaltik (Muskelkontraktionen des Magen-Darm-Traktes), die für die Ausscheidung von Abfallstoffen zuständig ist. Die Peristaltikgeräusche deuten oft darauf hin, dass eine Integration auf der emotionalen Ebene stattfindet.

Wir alle kennen Zeiten, da wir uns vollstopfen oder hungern, um emotional zu kompensieren. In Wirklichkeit stoppen wir damit den natürlichen emotionalen Integrationsprozess des Körpers. Wenn wir in unserem Leben den Boden unter den Füßen verlieren, wird auch die Verdauung nicht mehr gehalten und wir bekommen Durchfall. Oder wir halten aus lauter Unsicherheit an allem Alten und Bekannten fest – wie unangenehm das auch sein mag – und der Körper spiegelt das als Verstopfung.

Die Emotion des dritten Chakras ist der Zorn. Nur wenige von uns sind mit ihrer persönlichen Macht verbunden und unser Zorn steht meistens in keiner Relation zu dem jeweiligen Anlass, sondern wird heftig abgelassen, unterdrückt oder sogar auf einen „meckernden" Partner projiziert. Zu dem Zeitpunkt, da das Solarplexus-Chakra relevant für uns wird, sind wir meistens schon Kandidaten für Magengeschwüre, Leberkrebs, Hypoglykämie, Verdauungsprobleme oder eine Kombination aus allen vieren.

Wenn wir auf gesunde Weise in unserer Mitte sind und uns über dieses Chakra ausdrücken, besitzen wir eine hohe Selbstachtung sowie die natürliche Fähigkeit, Reichtum und Fülle auf allen Ebenen zu manifestieren. Das Solarplexus-Chakra steht in Verbindung mit der Leber, die metaphysisch gesehen der Sitz der Seele ist.

Hier entwickeln wir eine gesunde Beziehung zu uns selbst, die sich im Austausch mit unserer Umwelt spiegelt.

Wer auf der Ebene des dritten Chakras zu kämpfen hat, verbirgt die innere Unsicherheit über seine Rolle und über seine Beziehungen zur Außenwelt oft hinter einer aufgeblasenen Ego-Maske. Andere nehmen ihre Unfähigkeit, sich auf dieser Ebene auszudrücken, zum Anlass, sich nach innen zurückzuziehen. Sie halten all ihre Gefühle wie in einer Art Zeitbombe unter Verschluss und leben wahrscheinlich in einer feindlichen Umwelt, die als Spiegel für ihre aufgewühlte Psyche dient.

Das Element des Solarplexus-Chakras ist das Feuer, das Element der Transformation. Wenn man das Feuer nicht unter Aufsicht hält, kann es großen Schaden anrichten und ungehemmt alles verbrennen (Energieüberschuss/gewalttätig) oder aber einfach ausgehen (Energiemangel/unmotiviert).

Herz-Chakra

Das Herz-Chakra hat mit der Selbstliebe zu tun und viele von uns haben große Schwierigkeiten, sich durch dieses Chakra auszudrücken. Es heißt, dass das Herz-Chakra *der* Ort im Körper ist, an dem Gleichgewicht und Ausgleich beheimatet sind. Dieses Zentrum hat nicht nur mit dem Herzen, sondern auch mit den Lungen und der Thymusdrüse (Immunsystem) zu tun. Das zugehörige Element ist die Luft.

Im Herz-Chakra ist die Lebenskraft des Atems verankert. Unsere Atmung bewegt den Brustkorb und massiert somit alle lebenswichtigen Organe in diesem Bereich. Diese Massage hat direkten Einfluss darauf, wie gut oder schlecht unsere Verdauungs- und Assimilationsprozesse verlaufen.

Was tun wir also? Wenn wir verstimmt sind, haben wir viele schöne Möglichkeiten, unsere Emotionen *nicht* zu integrieren. Mit Kettenrauchen können wir die Kapazität der Lungen ganz wunderbar einschränken und auch noch unsere Emotionen ersticken. Oder wir halten die Luft an und atmen nur noch ganz flach. In der Kunst des Nicht-Atmens sind wir alle Experten. Ja, wenn man sich einmal vorstellt, dass genau dieser Vorgang uns überhaupt am Leben hält, ist es ein Wunder, dass die meisten von uns nie gelernt haben, ihn zu meistern. Das Kapitel am Anfang dieses Buches über den Atem und seine Bedeutung im BodyTalk macht auch klar, wie wichtig es ist, das Herz-Chakra mit dem gesamten Körper und allen anderen Chakren in Einklang zu bringen. Alle, die sich in der obigen Beschreibung wiedererkennen, sind möglicherweise Kandidaten für Lungenkrebs, Lungenentzündung (Wasser/Tränen in der Lunge), Herzkrankheiten und so weiter.

Beim Militär wird den Soldaten die „korrekte" Haltung beigebracht: Kopf hoch, Brust raus, Schultern zurück – eine fantastische Möglichkeit, das Herzzentrum zu panzern, um auf dem Schlachtfeld keine Emotionen zu fühlen. Leider haben viele von uns dasselbe im Elternhaus oder in der Schule gelernt. Auch Brustimplantate stellen für das Herzzentrum eine gute Panzerung dar, die den Energiefluss durch den gesamten Körper blockiert. Die meisten von uns sind Experten darin, den Ausdruck über dieses Zentrum zu vermeiden.

Echtes Lachen stärkt die Thymusdrüse auf der physiologischen Ebene. Die schlichte Empfindung von Freude stärkt das Immunsystem. Die Verbindung zwischen gesunder Selbstliebe und gesundem Immunsystem kann nicht mehr angezweifelt werden. Die unzähligen Immunstörungen in der heutigen Gesellschaft lassen darauf schließen, dass die meisten von uns ein unterentwickeltes Herz-Chakra haben.

Jeder weiß, wie es sich anfühlt, sich zu verlieben. Plötzlich klappt alles, man mag sich selbst gerne leiden und kann sich dem geliebten Menschen auf eine Weise zeigen und mitteilen, die man mit keinem anderen erlebt hat. Selbst Gesundheitsprobleme scheinen zu verschwinden! Immer wenn wir mit diesem für uns so besonderen Menschen zusammen sind, fühlen wir uns kreativer, intelligenter und schöner.

Wir verbringen viel Zeit damit, von der Liebe zu träumen und zu versuchen, eine Person zu finden, in die wir uns verlieben können. Dann sind wir vernarrt in ihre kreativen Talente, ihren Intellekt, ihre Kontaktfähigkeit oder ihre Schönheit. Alles, was uns – bewusst oder unbewusst – an einem anderen Menschen anzieht, ist normalerweise ein Aspekt unseres Selbst, den wir im geliebten Menschen gespiegelt sehen. Wenn wir mit ihm oder ihr zusammen sind, erweitert sich unser Herz und wird dynamischer. Das wiederum führt dazu, dass wir unsere eigene Besonderheit im Inneren spüren.

Zunächst verspüren wir Glückseligkeit und Freude, denn wir sehen uns durch die Augen des Geliebten und können uns deshalb selbst lieben. Doch leider sind die meisten von uns daran gewöhnt, ihre Macht abzugeben (schwaches Solarplexus-Chakra) und alle eigenen Besonderheiten auf die geliebte Person zu projizieren. Sie weigern sich, die Projektion zurückzunehmen und die Spiegelung ihrer Eigenart anzuerkennen, die der andere ihnen anbietet. Dann sind sie schließlich vom anderen enttäuscht und ent-lieben sich wieder.

Unsere Liebe ist an Bedingungen gebunden, denn wir verlangen von unserem Gegenüber, dass er uns zu etwas Besonderem macht. Wie können wir allen Ernstes verkünden, dass wir jemanden lieben, wenn wir nicht einmal wissen, wie wir uns selbst lieben sollen? In Wirklichkeit sagen wir: „Ich liebe dich, ... weil du machst, dass ich mich so oder so fühle." Und das bedeutet: „Du hast meine Gefühle völlig in der Hand." Wir geben unsere Macht ab und setzen unsere Partner unter Druck, damit sie unsere emotionale Stabilität garantieren. Damit stellen wir selbst die Weichen für unsere „Enttäuschung" – ein Begriff, der gerne statt des richtigeren Wortes „Wut" benutzt wird.

Diejenigen unter uns, die sich entschieden haben, selbstlos dem Glück der Familie oder der Welt zu dienen, könnten auf dem Holzweg sein. Das Beste, was wir für die Welt tun können, ist wahrscheinlich, dass wir beginnen, uns auf der Ebene des Herz-Chakras auszudrücken, das heißt, uns selbst zu lieben. Wenn wir schon im Kleinen unsere inneren Kämpfe ausfechten, wie können wir dann erwarten, dass es im Großen jemals Frieden und Einheit geben kann? Wenn wir behaupten, dass wir unser Leben dem Weltfrieden widmen, während wir mit uns selbst im Unreinen sind, dann ist das nichts als Heuchelei.

Im Idealfall drücken wir uns auf gesunde Weise über das Herz-Chakra aus und haben eine gute Beziehung zu uns selbst – dann besteht eine gute Chance, dass auch die anderen Chakren dynamisch und gesund sind. Das Herz wird als das Gleichgewichtszentrum des Körpers betrachtet, und wenn wir uns selbst lieben, ist das der Schlüssel zu einem gesunden Chakrensystem.

Wenn sich ein Mensch verliebt, der eine gesunde Selbstliebe besitzt, ist die Wahrscheinlichkeit sehr groß, dass die Beziehung von Dauer ist. Die neue Ausweitung des Herz-Chakras verbessert den dynamischen Energiefluss durch die anderen Chakren. Die Energie fließt dann hinab zum Solarplexus-Chakra, wo sie integriert wird. Und im Idealfall fließt sie dann noch weiter abwärts ins Sexual-Chakra, durch das wir unserem Geliebten sinnlich begegnen. Erlauben wir der Energie, noch tiefer bis zu unserem Wurzel-Chakra zu fließen, dann lassen wir uns nieder (Erdelement), heiraten, bekommen Kinder, bauen ein Haus usw.

Unsere Einstellung uns selbst gegenüber wird durch die Menschen reflektiert, die wir in unser Leben ziehen. Wie brauchen uns nur umzusehen, um festzustellen, was wir wirklich wollen – es wird durch das gespiegelt, was wir schon haben. Wer jetzt den Kopf schüttelt und sagt: „Niemals! Das habe ich mir nie und nimmer gewünscht", dem sei versichert, dass ein Teil von ihm glaubt, genau diese Dinge zu verdienen und zu brauchen. Wenn wir unsere Realität aus dieser Perspektive betrachten, regt uns das dazu an, eine liebevolle Beziehung zu uns selbst aufzubauen.

ImBodyTalk-System müssen wir die Chakrenbalance oft mit den emotionalen Balancen verbinden, um das Energiesystem des Herzens zu stärken und alle negativen Glaubensmuster auszumerzen, die unserer Seele schon im frühesten Kindesalter eingeprägt wurden.

Hals-Chakra

Das Hals-Chakra steht in Verbindung mit der Schilddrüse (die das Hormon Thyroxin absondert, das die Stoffwechselaktivität und damit Wachstum und Entwicklung regelt), mit der Nebenschilddrüse (die Hormone produziert, die den Kalzium- und Phosphorhaushalt regeln) und mit dem Hypothalamus (der die Körpertemperatur reguliert). Der Hypothalamus wird manchmal auch dem Stirn-Chakra zugeordnet.

Wenn der Selbstausdruck über das Hals-Chakra nicht im Gleichgewicht ist, äußert sich das in einer Unterfunktion dieser Organe und Drüsen. Die Unterfunktion der Schilddrüse führt zu einer Verlangsamung des Stoffwechsels und zu Gewichtsproblemen. Auch eine Überfunktion ist möglich, die dann das entgegengesetzte Bild zeigt.

Ein Ungleichgewicht auf dieser Ebene kann als die Unfähigkeit zu Tage treten, sich verbal auszudrücken. Wenn wir Schwierigkeiten haben, unser inneres Wissen zusammen mit Gedanken und Gefühlen verbal zum Ausdruck zu bringen, kann das darauf hindeuten, dass wir diesem Chakra mehr Aufmerksamkeit geben müssen.

Dichter, Redner und Sänger gehören zu den kreativen Menschen, die in diesem Chakra zu Hause sind. Der Äther ist das Element dieses Chakras, in dem die vier unteren Chakren verschmelzen und zum Klingen kommen.

Ein wirklich in diesem Chakra zentrierter Mensch wird nie Überzeugungen von sich geben, die intellektuell oder emotional vorprogrammiert sind. Sein Reden entspringt einer Ebene des Wissens und der tiefen inneren Wahrheit.

Stirn-Chakra

Auf der Ebene des sechsten Chakras („Drittes Auge") projizieren wir unsere inneren Träume nach außen und manifestieren sie auf der physischen Ebene. Hier ist der Sitz von Intuition, Einsicht und Kreativität. Hier stellen wir Fragen, die den Geist *(spirit)*, unsere Existenz und unsere Wechselbeziehung mit dem Universum betreffen.

Das Chakra steht mit der Zirbeldrüse in Verbindung, die quasi als Dirigent aller anderen Drüsen fungiert. Sie reguliert – direkt oder indirekt – die meisten Grundfunktionen des Körpers.

Wenn wir geistig verschlossen sind und uns nur auf die äußeren Aspekte des Lebens konzentrieren, vermeiden wir den Ausdruck über dieses Chakra. Dann haben wir vielleicht Probleme mit den Augen (d. h. wir wollen nicht die Wahrheit sehen) oder starke

Kopfschmerzen. Wir glauben nur, was wir mit unseren fünf Sinnen erfassen können, und selbst unsere Sinneswahrnehmungen sind oft gemindert, was darauf hindeutet, dass auch die unteren Chakren unterentwickelt sind.

Kronen-Chakra

Im Kronen-Chakra erleben wir die Begegnung von Himmel und Erde. An dieser Stelle geschieht der Austausch zwischen Ihrem höheren Selbst oder inneren Licht (wie immer Sie es nennen) und der Außenwelt. Wenn Sie in diesem Chakra ausbalanciert und verankert sind, reflektiert sich der Himmel in der Welt und umgekehrt. Sie erleben die Gegenwart des Göttlichen, auch im eigenen Selbst. Die innere Weisheit ist freigesetzt und kann ihre Aufgaben auf die bestmögliche Weise erledigen.

Die Chakrenbalance

Es ist sehr einfach, die Chakren mit BodyTalk zu vernetzen. Die Technik ist dieselbe wie bei den Organen.

1. Beginnend mit dem Wurzel-Chakra berühren Sie den Brennpunkt eines jeden Chakras (s. die folgenden Abbildungen). Dabei fragen Sie: „Hat dieses Chakra Priorität?“ Ist die Antwort *Ja*, gehen Sie weiter zu Schritt 2. Ist die Antwort *Nein*, fragen Sie beim nächsten Chakra.
2. Bitten Sie den Klienten, dieses Chakra zu berühren. Dann finden Sie heraus, mit welchem Chakra es vernetzt werden muss. Wenn zum Beispiel zuerst das zweite Chakra (Sexual-Chakra) angezeigt wird, legt der Klient seine Hand auf dieses Chakra, und Sie fragen nach der Vernetzung: „Vernetzung mit dem

dritten Chakra (Soplarplexus)?“ Ist die Antwort *Ja*, gehen Sie weiter zu Schritt 3. Ist die Antwort *Nein*, fragen Sie weiter.

3. Der Klient hält das eine Chakra und der Anwender das andere. Gleichzeitig tippt der Anwender mit der freien Hand auf dem Kopf und dem Brustbein, während der Klient dabei je einen tiefen Atemzug macht.
4. Nun stellen Sie sicher, dass die Vernetzung korrigiert worden ist, indem Sie noch einmal danach fragen.
5. Fragen Sie, ob dieses Chakra (in diesem Fall das zweite) noch weiter vernetzt werden muss. Ist die Antwort *Ja*, gehen Sie wieder zu Schritt 3 und finden die nächste Vernetzung. Ist die Antwort *Nein*, gehen Sie weiter zum nächsten Chakra. Machen Sie so weiter, bis Sie alle Vernetzungen korrigiert haben, welche die innere Weisheit angezeigt hat.

Zur Balance der Chakren gibt es nur wenige Fallbeispiele, weil die Resultate meistens nicht direkt greifbar sind. Die Vernetzung der Chakren wirkt sich auf das gesamte System sowie die allgemeine Wirksamkeit einer BodyTalk-Balance aus. Viele Klienten berichten allerdings, dass ihr Wohlbefinden sich plötzlich verbessert hat. Sie fühlen sich nach der Balance entspannter und mehr in ihrer Mitte. Eine interessante Nebenwirkung der Chakrenbalance ist, dass sie bei vielen Formen von Schlafstörungen (besonders bei Kindern) sehr hilfreich ist.

Janice

Die achtjährige Janice zeigte vielfältige Symptome von Hyperaktivität. Eines der schlimmsten war ihre Unfähigkeit, abends ohne Medikamente einzuschlafen. Die behandelnde Kinderpsychologin hatte ihrer Mutter beigebracht, die Chakren zu balancieren. An drei aufeinander folgenden Abenden mussten Janices

Herz- und Kronen-Chakra vernetzt werden. Nach jeder dieser Balancen schlief sie sofort ein. In den folgenden Monaten stellte die Mutter fest, dass sie die Chakren etwa einmal pro Woche neu vernetzen musste, bis Janice schließlich einen gesunden Schlafrhythmus fand und fast jeden Abend pünktlich einschlief.

Ich halte normalerweise nichts davon, einen Teil des BodyTalk-Protokolls als isolierte Balance anzubieten. Allerdings habe ich festgestellt, dass die Chakrenbalance für sich genommen in den meisten Fällen von Schlaflosigkeit sowie als Mittel, um die betreffenden Personen in ihre Mitte zu bringen, und zur Beruhigung des gesamten Organismus sehr effektiv ist. Bei schwierigeren Fällen muss natürlich das gesamte BodyTalk-Protokoll eingesetzt werden.

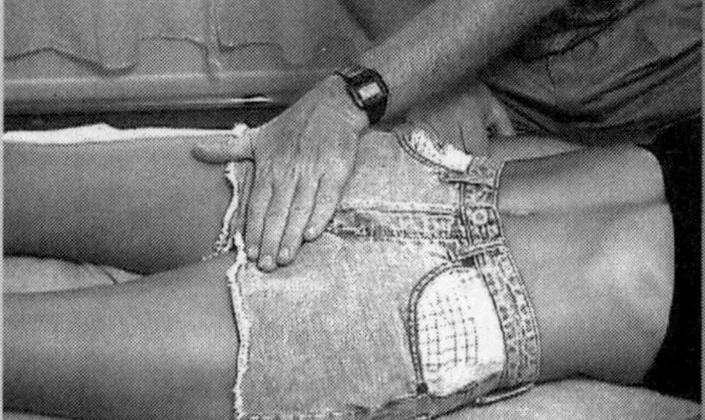

Chakra 1:
Wurzel-Chakra

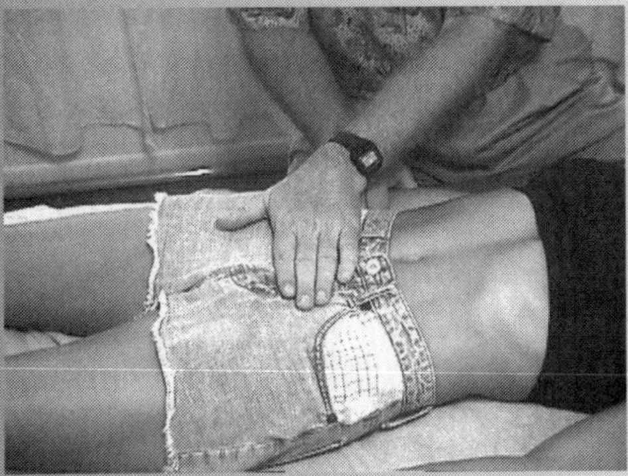

Chakra 2: Sexual-Chakra

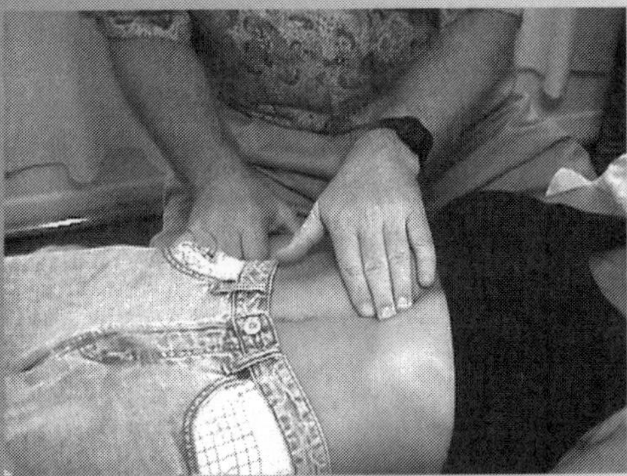

Chakra 3: Solarplexus-Chakra

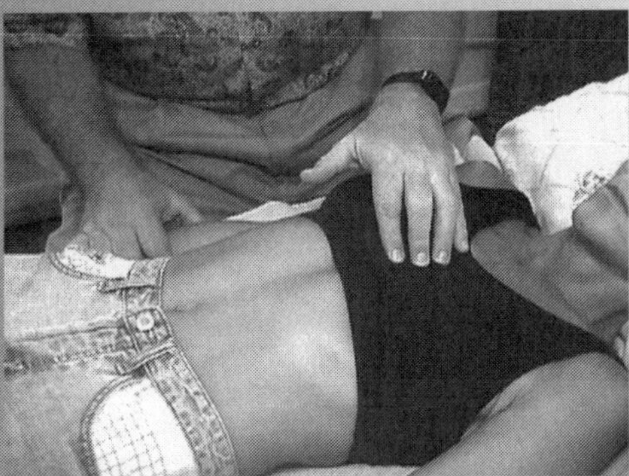

Chakra 4: Herz-Chakra

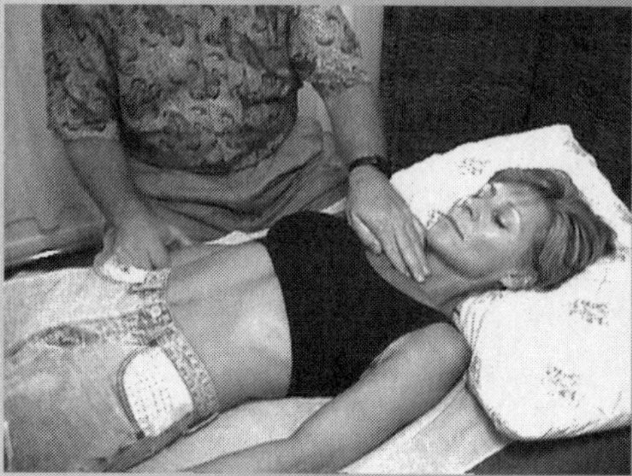

Chakra 5:
Hals-Chakra

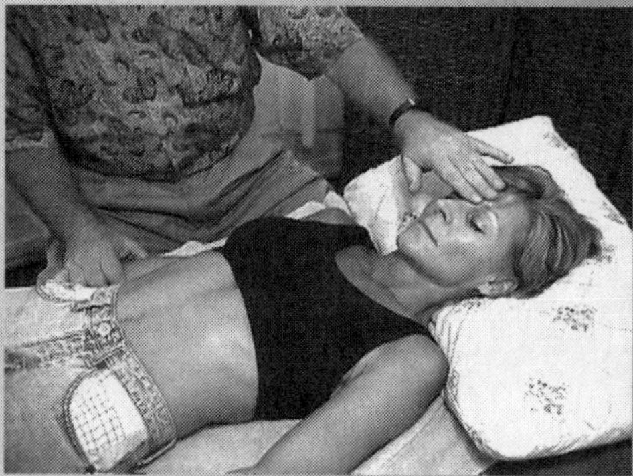

Chakra 6:
Stirn-Chakra

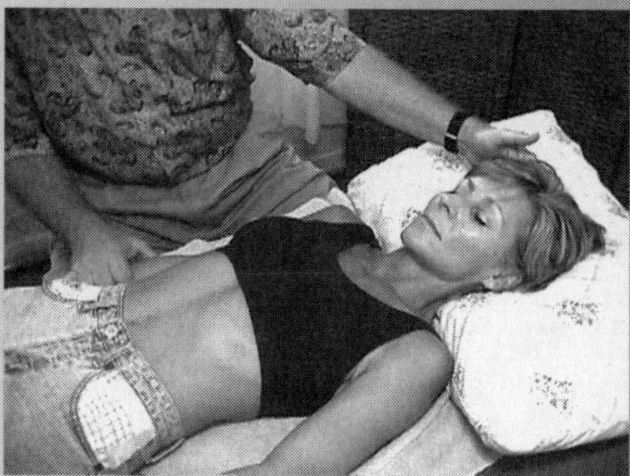

Chakra 7:
Kronen-Chakra

Kapitel 19

Zusammenfassung

In den vorhergehenden Kapiteln habe ich einige Balancen vorgestellt, mit denen Sie Ihrer Familie, Ihren Freunden oder, sollten Sie selbst Arzt oder Heilpraktiker sein, Ihren Klienten auf sichere Weise helfen können. Ich werde diese jetzt auf den nächsten Seiten zusammenfassen. So erhalten Sie einen Leitfaden, an dem Sie sich während Ihrer Balance orientieren können, bis Ihnen alles vertraut ist.

Ich bin der Meinung, dass Sie das gesamte System mit Ihren Familienmitgliedern oder Freunden durcharbeiten sollten. Einige der essentiellen Balancen müssen nur einige Male durchgeführt werden, dann „sitzen" sie. Zum Beispiel sollten Sie alle Narben Ihrer Kinder balancieren, bis sie angeben, dass sie keine weitere Balance brauchen. Wenn Sie bei Ihrem Kind dann eine Grippe balancieren, brauchen Sie die Narbenkorrektur nicht noch einmal als Teil des Protokolls wiederholen. Das kann auch für Vivaxis gelten.

Im Allgemeinen sollten Sie stets das ganze hier vorgestellte System durchgehen, wenn Sie irgendeine Störung balancieren. Die Narbenkorrektur und Vivaxis sind die Ausnahmen, wie schon oben bemerkt. So wird zum Beispiel ein Grippevirus nicht gut ansprechen, wenn Sie nicht schon die Lungen und alle anderen angezeigten Organe ausgeglichen haben. Und bei Nahrungsallergien erzielen Sie nur dann gute Resultate, wenn Sie sich vorher um Leber und Bauchspeicheldrüse gekümmert haben.

Denken Sie daran, es gibt im BodyTalk keine fertigen Rezepte für einzelne Beschwerden. Die Vernetzungen, die bei einem bestimmten Symptom erfolgen müssen, sind bei jedem Menschen verschieden. Sie brauchen nur der inneren Weisheit des Körpers zu folgen, dann sind Ihre Ergebnisse so schnell und perfekt wie möglich.

Essentielle GrundBalance

1. SB-Verbindung (vgl. Kap. 11)

Fragestellung bei SB-Problemen

- Bitten Sie den Klienten, tief einzuatmen, und fragen Sie: „Hat die SB-Verbindung Priorität?" Wenn ein *Ja* (schwach) kommt, besteht das Problem in einer nach unten blockierten SB-Verbindung (wie bei dem Beispiel mit dem Schlag auf den Kopf).
- Dann bitten Sie den Klienten, vollständig auszuatmen, und fragen wieder: „Hat die SB-Verbindung Priorität?" Wenn ein *Ja* (schwach) kommt, besteht das Problem in einer nach oben blockierten SB-Verbindung (der typische Reflex des erschreckten Kindes).

SB-Balance

- Bitten Sie den Klienten, mit dem Zeigefinger den harten Gaumen (obere Innenseite des Mundes) am Übergang zum weichen Gaumen zu berühren.
- Legen Sie Ihren Finger auf den Hypophysenpunkt (H-Punkt) an der Nasenwurzel, am Übergang zur Stirn.
- Während die beiden Punkte gehalten werden, tippen Sie mit Ihrer freien Hand auf Kopf und Brustbein des Klienten und bitten ihn, dabei je einen tiefen Atemzug zu machen.

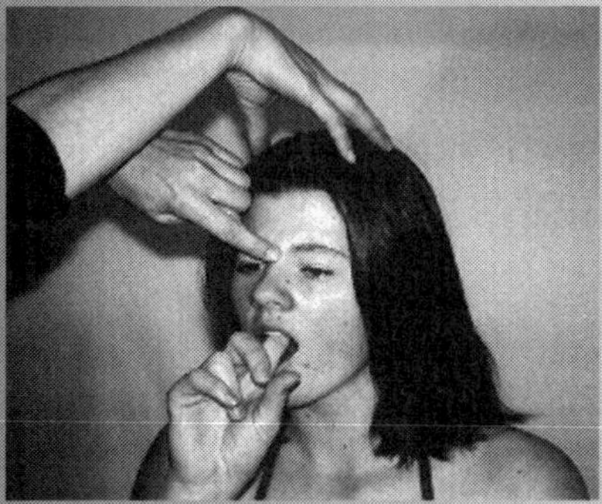

SB-Balance

2. Vivaxis (vgl. Kap. 12)

Fragestellung
Der Klient streckt seinen Arm im rechten Winkel waagerecht vor seinem Körper aus. Der Anwender testet den Arm, indem er fragt: „Hat die Vivaxis Priorität?“ Ergibt die Reaktion ein *Nein* (starker Arm), dreht sich der Klient in eine andere Himmelsrichtung. Ich lasse meine Klienten um jeweils 45° weitergehen. Bei allen Richtungen wird auf diese Weise gefragt, bis ein *Ja* (schwacher Arm) erscheint. Das entspricht der Position, in welcher die Vivaxis geschwächt ist. Um die exakte Stellung zu finden, bitten Sie den Klienten, sich in kleineren Abständen zu drehen. Fragen Sie so lange, bis Sie genau die Richtung gefunden haben, in welcher die Antwort am schwächsten ausfällt.

Fragestellung bei Vivaxis

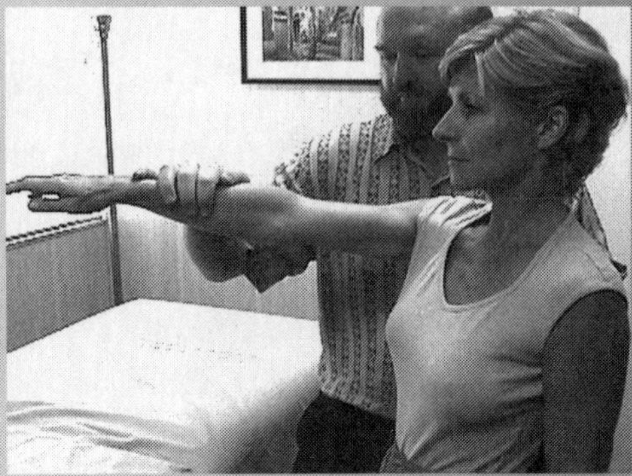

Balance

Während der Klient seinen Arm weiterhin in der genauen Richtung – wie eine Antenne – ausstreckt, tippen Sie mit Ihrer freien Hand auf Kopf und Brustbein des Klienten und bitten ihn, dabei je einen tiefen Atemzug zu machen.

Fragen Sie erneut, um sicherzustellen, dass das Problem korrigiert worden ist. Dann machen Sie so weiter, bis alle Himmelsrichtungen erfasst worden sind.

3. Cortexbereiche (vgl. Kap. 13)

Fragestellung

- Bewegen Sie Ihre Hand sanft über den Kopf des Klienten, wobei Sie die Kopfhaut nur so stark berühren, wie das Haar es zulässt. Diese Bewegung verläuft von der Stirn über den Kopf bis zur Schädelbasis.
- Dann fragen Sie den Körper: „Haben die Cortexe Priorität?" Ist die Antwort *Ja* (schwach), fahren Sie mit der Balance fort.

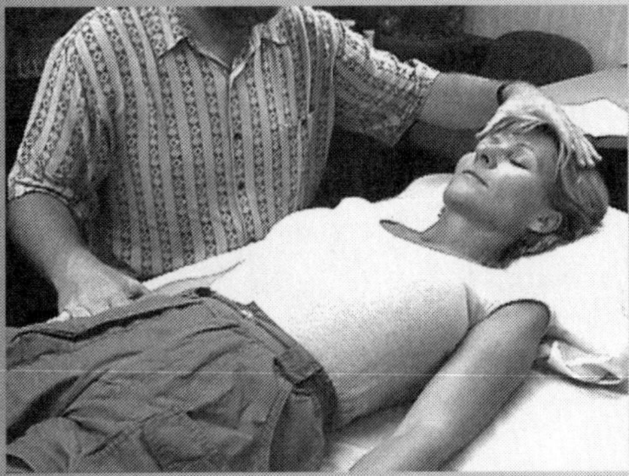

Fragestellung bei den Cortexbereichen

Balance

- Legen Sie Ihre Hand auf den Bereich von Schädelbasis und Nacken des Klienten, tippen Sie gleichzeitig mit Ihrer freien Hand auf Kopf und Brustbein des Klienten und bitten Sie ihn, dabei je einen tiefen Atemzug zu machen.
- Bewegen Sie Ihre Hand nun eine Position weiter zur Schädeldecke. So wird der ganze Kopf systematisch abgedeckt. Tippen Sie auch hier Kopf und Brustbein einen Atemzyklus lang.
- Wiederholen Sie diesen Vorgang, bis Sie den gesamten mittleren Bereich des Schädels abgedeckt haben. Normalerweise sind das vier Positionen, doch wenn eine kleine Hand einen großen Kopf abdeckt, können es auch fünf sein.
- Nun sind die Seiten des Kopfes an der Reihe. Bitten Sie den Klienten, seine Hand an die eine Kopfseite zu legen, während Sie die andere Seite halten. Mit Ihrer freien Hand tippen Sie wieder auf Kopf und Brustbein, während der Klient je einen vollen Atemzug macht.

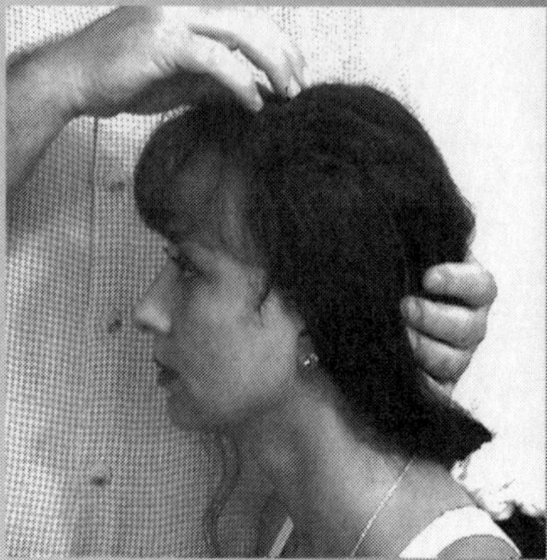

Auf den Cortexbereichen tippen

4. Wasserhaushalt (vgl. Kap. 14)

Fragestellung

- Befeuchten Sie ein Papiertaschentuch oder etwas Watte mit klarem Wasser.
- Legen Sie das nasse Tuch auf den Nabel des Klienten oder, wenn die Kleidung das nicht zulässt, legen Sie es über der Thymusdrüse auf das Brustbein.
- Fragen Sie: „Hat die Hydration Priorität?" Ist die Antwort ein *Ja* (schwach), braucht der Klient eine Balance.

Balance

- Lassen Sie das nasse Tuch auf dem Nabel liegen und bitten Sie den Klienten, die Hände so auf beide Seiten des Kopfes zu legen, dass sie den Bereich des limbischen Gehirns abdecken, der von den Schläfen bis über beide Ohren reicht.
- Balancieren Sie die Cortexbereiche jetzt so wie in der Cortexbalance.

- Legen Sie Ihre Hand an den Übergang von der Schädelbasis zum Nacken. Tippen Sie gleichzeitig mit der freien Hand abwechselnd auf Kopf und Brustbein, während der Klient dabei je ein Mal tief durchatmet.
- Wiederholen Sie diesen Vorgang, bis Sie den gesamten mittleren Bereich des Schädels abgedeckt haben. Normalerweise brauchen Sie dafür vier Positionen, doch eine kleine Hand, die einen großen Kopf abdeckt, braucht oft fünf. Diesmal brauchen Sie die Kopfseiten nicht wie bei der Cortexbalance zu berücksichtigen, weil der Klient sie schon mit seinen Händen bedeckt.

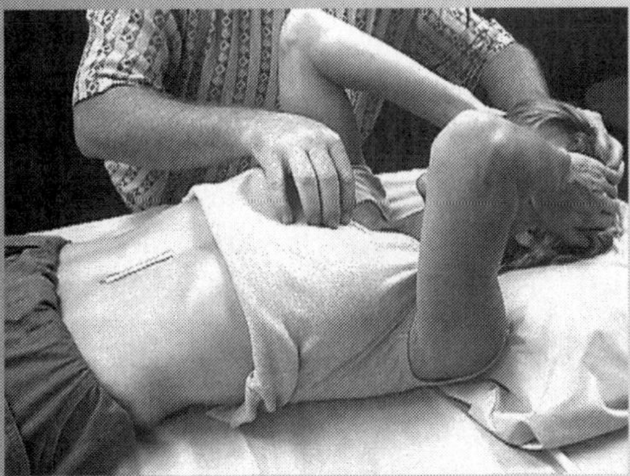

Balance der allgemeinen Hydration

5. Narben und Störfelder (vgl. Kap. 15)

Fragestellung

Um festzustellen, ob eine Narbe Probleme macht, muss man sie durch sanften Druck reizen, während man die Kommunikation durchführt. Dabei fragt man: „Haben Narben und Störfelder Priorität?“

Bei einem *Nein* gehen Sie weiter zum Organsystem.

Bei einem *Ja* wird weiter gefiltert: „Haben Narben

Priorität?" – „Haben Muttermale Priorität?" – „Hat Kleidung Priorität?"

Wenn Sie den Bereich mit der Priorität herausgefiltert haben, fragen Sie nach der genauen Stelle (s. Kommentar unten). Reizen Sie die Narbe (oder den Hautflecken) durch sanften Druck und fragen Sie zur Bestätigung: „Hat diese Narbe Priorität?"

Bei einem *Ja* wird gefragt: „Gibt es Vernetzungen nach außen?" Bei einem *Ja* wird die zugehörige Vernetzung gefunden. Der Klient hält die Vernetzung; Sie balancieren die Narbe oder Störung.

Balance

Um die Narbe zu balancieren, reizen Sie diese mehrfach mit sanftem Druck, während Sie gleichzeitig auf dem Kopf und dem Brustbein tippen und den Klienten bitten, dabei je ein Mal voll durchzuatmen.

Rückfrage

Dann sollten Sie noch einmal fragen, um sicherzustellen, dass die Korrektur erfolgreich war. Nach der Balance wird gefragt: „Haben Narben und Störfelder noch Priorität?" Bei einem *Ja* suchen und balancieren Sie eine weitere spezifische Blockade. Ein *Nein* besagt, dass dieser Abschnitt jetzt beendet ist.

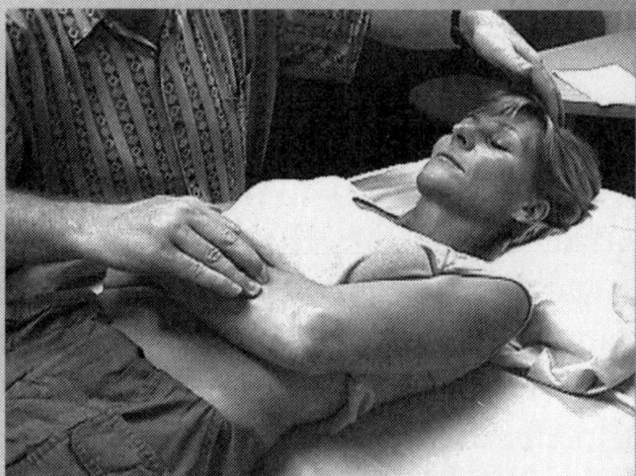

Balance von Narben und Störfeldern

Organsystem (vgl. Kap. 16)

Fragestellung

1. Fragen Sie: „Hat der Organausgleich Priorität?“ Ist die Antwort *Ja*, gehen Sie weiter zu Schritt 2. Ist die Antwort *Nein*, lassen Sie die Organe in Ruhe und gehen weiter zum Drüsensystem.
2. Nun legen Sie Ihre Hände systematisch auf die Reflexpunkte der Organe (wie auf den Abbildungen gezeigt). Sie beginnen bei den Lungen und sagen: „Haben die Lungen Priorität?“ Bei *Ja* gehen Sie weiter zu Schritt 3. Bei *Nein* gehen Sie zum nächsten Organ (Herz) und fragen nach der Priorität. Machen Sie so weiter, bis Sie das Organ gefunden haben, das Priorität hat. Ich schlage vor, dass Sie diese Reihenfolge einhalten: Lunge, Herz, Leber, Gallenblase, Magen, Milz, Dünndarm, Dickdarm, Blase, Nieren.
3. Bitten Sie den Klienten, das Prioritätsorgan zu berühren (in diesem Fall die Lunge), während Sie systematisch jedes Organ durchgehen und fragen, ob es die richtige Vernetzung für die Lunge darstellt – zum Beispiel: „Mit dem Herzen vernetzen?“ *Nein*. „Mit der Leber vernetzen?“ *Nein*. „Mit dem Magen vernetzen?“ *Ja*. Wenn Sie ein *Ja* erhalten, gehen Sie zu Schritt 4.

Balance

4. Der Klient berührt das erste Organ (Lunge), der Anwender das zweite, zu vernetzende Organ (Magen). Dabei tippt er mit seiner freien Hand auf dem Kopf und dem Brustbein des Klienten und bittet ihn, je einen tiefen Atemzug zu machen (oder so lange weiterzumachen, bis die „Energieverlagerung“ eintritt).
5. Die Kontakte werden beibehalten und die Befragung wiederholt, um sicherzustellen, dass die Balance stattgefunden hat. „Hat diese Vernetzung noch Priorität?“ *Nein*.

6. Nun fragen Sie abschließend, ob dieses erste Organ (in diesem Fall die Lunge) noch weiter vernetzt werden muss. „Gibt es weitere Vernetzungen zu diesem Organ? Ist die Antwort *Ja*, müssen Sie wie zuvor den nächsten Vernetzungspartner (ein Organ oder einen anderen Bereich aus BodyTalk) finden und erneut balancieren. Ist die Antwort *Nein*, machen Sie bei Schritt 2 weiter und suchen das nächste zu vernetzende Organ.

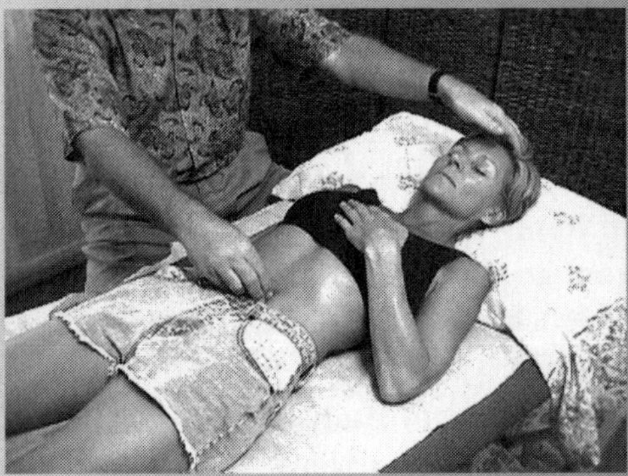

Vernetzung von Dünndarm und Herz

Körperchemie (vgl. Kap. 17)

Fragestellung

• Fragen Sie: „Hat die Körperchemie Priorität?" Ist die Antwort ein *Ja*, gehen Sie weiter zum nächsten Schritt. Ist die Antwort ein *Nein*, dann ist der Körper nicht bereit, balanciert zu werden – selbst wenn vielleicht ein Problem vorliegt. Es kann sein, dass er sich ein paar Stunden oder Tage von den vorhergegangenen Balancen erholen muss. Es kann aber auch sein, dass in diesem Bereich kein Problem vorliegt. Es gibt ja auch noch gesunde Menschen!

• Reiben Sie das Zahnfleisch des Klienten mit einem Wattestäbchen oder einem kleinen Stückchen Watte, um etwas Spucke und Spuren von Blut als Anhaltspunkt für den Körper zu erhalten. Legen Sie dieses Wattestäbchen auf einen Platz am Körper, der einen hohen Energiepegel hat, zum Beispiel auf den Bauchnabel. Falls das nicht geht, weil die Kleidung des Klienten stört, können Sie das linke Ohr oder das Brustbein nehmen. Dieses speichelgetränkte Wattestäbchen bildet jetzt den Informationsfokus, über den die innere Weisheit erfahren kann, was im Körper vor sich geht.

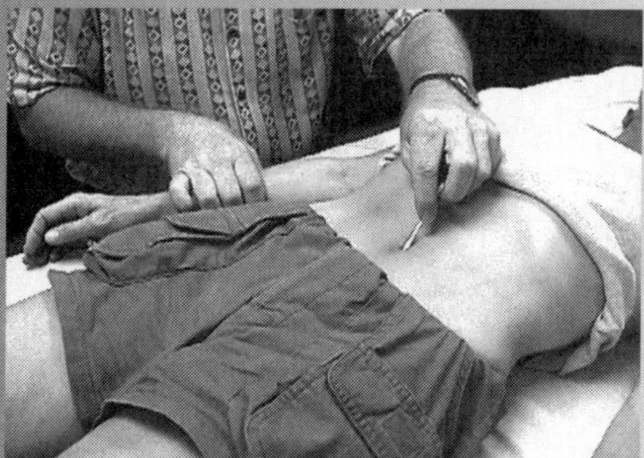

Fragestellung mit Wattestäbchen auf dem Nabel

• Fragen Sie (mit Hilfe der Kommunikation), welches Problem Priorität hat. Zum Beispiel: „Hat ein Virus Priorität?" Ist die Antwort ein *Ja*, gehen Sie zum nächsten Schritt weiter und balancieren den Virus. Ist die Antwort ein *Nein*, stellen Sie die nächste Frage. „Hat eine Infektion Priorität?" Bei einem *Ja* balancieren Sie die

Infektion. Bei einem *Nein* gehen Sie weiter, bis Sie herausfinden, was der Körper balancieren will – zum Beispiel Parasiten, Allergien, Giftstoffe.

Balance

• Teilen Sie Ihrem Klienten mit, was Sie balancieren werden (z. B. einen Virus), und bitten Sie ihn, seine Hände so auf beide Seiten des Kopfes zu legen, dass sie die Schläfen und die obere Hälfte der Ohren bedecken. Dadurch wird das limbische System auf eine Weise vernetzt, die für diese Balance nötig ist.

• Der Klient lässt seine Hände am Kopf, während Sie die Cortexbereiche wie bei der grundlegenden Cortexbalance in Kapitel 13 balancieren:

1. Dafür legen Sie Ihre Hand an den Übergang zwischen Schädelbasis und Nacken des Klienten. Dabei tippen Sie mit Ihrer freien Hand auf dem Kopf und dem Brustbein, während der Klient je einen tiefen Atemzug macht.
2. Legen Sie Ihre Hand nun ein Stück höher auf den Kopf, um nach und nach den ganzen Schädel abzudecken. Tippen Sie in dieser Position ebenfalls einen Atemzyklus lang abwechselnd auf Kopf und Brustbein.
3. Wiederholen Sie diesen Vorgang, bis Sie den gesamten mittleren Bereich des Kopfes abgedeckt haben. Das braucht meistens vier Positionen – bei einer kleinen Hand auch fünf. Sie brauchen die Kopfseiten nicht wie bei der grundlegenden Cortexbalance abzudekken – das erledigt ja bereits der Klient.

Rückfrage

Fragen Sie jetzt erneut in Bezug auf die Störung nach, die Sie balanciert haben (z. B. Virus): „Hat dieser Virus noch Priorität?“ Ist die Antwort *Nein*, gehen Sie weiter zur nächsten Frage (Infektion, Parasiten usw.)

Die Chakren (vgl. Kap. 18)

Es ist sehr einfach, die Chakren mit BodyTalk zu vernetzen. Die Technik ist dieselbe wie bei den Organen.

1. Beginnend mit dem Wurzel-Chakra berühren Sie den Brennpunkt eines jeden Chakras. Dabei fragen Sie: „Hat dieses Chakra Priorität?" Ist die Antwort *Ja*, gehen Sie weiter zu Schritt 2. Ist die Antwort *Nein*, fragen Sie beim nächsten Chakra.
2. Bitten Sie den Klienten, dieses Chakra zu berühren. Dann finden Sie heraus, mit welchem Chakra es vernetzt werden muss. Wenn zum Beispiel zuerst das zweite Chakra (Sexual-Chakra) angezeigt wird, legt der Klient seine Hand auf dieses Chakra und Sie fragen nach der Vernetzung: „Vernetzung mit dem dritten Chakra (Solarplexus)?" Ist die Antwort *Ja*, gehen Sie weiter zu Schritt 3. Ist die Antwort *Nein*, fragen Sie weiter.
3. Der Klient hält das eine Chakra und der Anwender das andere. Dabei tippt der Anwender mit seiner freien Hand auf dem Kopf und dem Brustbein, während der Klient je einen tiefen Atemzug macht.
4. Nun stellen Sie sicher, dass die Vernetzung korrigiert worden ist, indem Sie noch einmal danach fragen.
5. Fragen Sie, ob dieses Chakra (in diesem Fall das zweite) noch weiter vernetzt werden muss. Ist die Antwort *Ja*, gehen Sie wieder zu Schritt 3 und finden die nächste Vernetzung. Ist die Antwort *Nein*, gehen Sie weiter zum nächsten Chakra. Machen Sie so weiter, bis Sie alle Vernetzungen korrigiert haben, welche die innere Weisheit angezeigt hat.

Bis hierhin reicht Ihr Wissen über BodyTalk – doch damit muss die Balance nicht zu Ende sein. Nach der Chakrenbalance kann es sein, dass sich das Gleichgewicht im Körper sehr stark verschoben hat, um allen Veränderungen Rechnung zu tragen.

Fragen Sie an diesem Punkt der Balance: „Sind heute noch weitere Balancen nötig?“ Ist die Antwort ein *Ja*, dann sagt Ihnen die innere Weisheit, dass einige der ersten Balancen wiederholt werden müssen, um eine Feinabstimmung des Organismus zu ermöglichen.

In diesem Fall beginnen Sie wieder von vorne und schauen, was angezeigt wird. Häufig brauchen nur zwei Organe vernetzt zu werden oder eine weitere Allergie ist an der Reihe.

War die Antwort auf die Frage nach weiteren Balancen ein *Nein*, ist die Balance beendet. Dann können Sie fragen, ob Ihr Klient in Zukunft weitere Balancen braucht. Ist die Antwort ein *Ja*, dann müssen Sie herausfinden, wie bald. Zum Beispiel: „In weniger als einer Woche balancieren?“ Bei *Ja* fragen Sie die Tage durch. In einem Tag? In zwei Tagen? und so weiter.

War die Antwort *Nein*, dann fragen Sie die Wochen durch. In einer Woche? In zwei Wochen? In drei Wochen? und so weiter.

An diesem Punkt haben Sie ein Verfahren durchgeführt, von dem Sie und Ihr Körper bislang nur träumen konnten. Sie haben die innere Weisheit gefragt, was und in welcher Reihenfolge balanciert werden soll. Sie haben die gesamte innere Kommunikation des Körpers verstärkt, sodass er seine Arbeit besser verrichten kann. Sie haben die Teile miteinander vernetzt, damit sie wieder als Ganzes im Einklang funktionieren können. Und doch haben Sie niemanden behandelt – das hat der Körper selbst getan. Sie haben sich dem KörperGeist – der das Glück hatte, Sie zu finden und mit BodyTalk ausbalanciert zu werden – lediglich als unparteiischer und objektiver Vermittler zur Verfügung gestellt.

Kapitel 20

Zum Abschluss

Dieses Buch vermittelt nur einen kleinen Einblick in das BodyTalk-System: Ich hoffe, dass es Sie anregen wird, BodyTalk mit Ihren Angehörigen, Freunden und Klienten auszuprobieren und seine Magie zu entdecken.

Sollten Sie an diesem Punkt selbst Lust auf eine BodyTalk-Balance bekommen haben, dann finden Sie eine Liste von BodyTalk-Anwendern auf der Website der *International BodyTalk Association* (IBA):
www.bodytalksystem.com

Sie können auch unsere persönliche Website besuchen, auf der Sie Informationen zu den weiteren Gesundheits- und Wachstumsmethoden finden, die meine Frau und ich unterrichten: **www.parama.com**

Wenn Sie tiefer in das BodyTalk-System einsteigen wollen, finden Sie auf derselben Website eine Liste von BodyTalk-Ausbildern. Es lohnt sich wirklich, BodyTalk zu lernen, und die IBA-Ausbilder sind hoch qualifiziert.

Haben Sie keinen Internetzugang? Dann können Sie uns in Florida/USA unter der Nummer 001-941-342-9119 (von Deutschland aus) anrufen, wir schicken Ihnen gerne eine Liste der IBA-Mitglieder.

Das BodyTalk-Protokoll in Modul 1 und 2 bildet die Basis des gesamten Systems. Wenn Sie dieses Protokoll befolgen, werden die Resultate nicht auf sich warten lassen. Das gilt auch für Laien. Alle, die schon in einer anderen Heilmethode ausgebildet sind, finden im Protokoll verschiedene Abschnitte, die dieser Tatsache

Rechnung tragen. Zunächst vollzieht jeder Anwender – ganz gleich, was sein Hintergrund ist – die BodyTalk-GrundBalance, um den Bedürfnissen der inneren Weisheit Genüge zu tun. Wenn Sie dann an Ihr Spezialgebiet kommen, übernimmt auch hier die innere Weisheit die Führung und bedient sich Ihres Wissens.

Wenn zum Beispiel ein Chiropraktiker an dem betreffenden Abschnitt der Wirbelsäule angekommen ist, wird die innere Weisheit ihn bitten, diesen mit BodyTalk auszugleichen, und ihm dann mitteilen, ob eine Manipulation schnellere Resultate bringen kann. Sie wird ihm sagen, wo und in welcher Reihenfolge er balan-cieren soll. Nur wenn die Wirbelsäule in der richtigen Reihenfolge balanciert wird, ist das Ergebnis von Dauer.

Oder ein Akupunkteur kommt zum Abschnitt über die Meridiane und wird von der inneren Weisheit gebeten, bestimmte Akupunkturpunkte zu nadeln. Auch hier gibt es ein Protokoll, das die Punktauswahl und Reihenfolge der Nadeln bestimmt und damit zu besseren Resultaten führt.

Ein Psychologe kann seine spezifische Ausbildung ins Spiel bringen, um den Abschnitt über emotionale Balancen effektiver einzusetzen.

Naturheilkundler und Ärzte können den Abschnitt über die Körperchemie zur Auswahl von Nahrungsergänzungsmitteln, Kräutern oder Medikamenten nutzen. So werden schädliche Nebenwirkungen ausgeschaltet und die genaue Dosis und Einnahmefrequenz des Mittels bestimmt. Die Liste ist endlos.

Die IBA plant, allen, die Modul 1 und 2 abgeschlossen haben, Videos und Vortragskassetten über diese speziellen Bereiche zur Verfügung zu stellen. In Zukunft wird es verschiedene BodyTalk-Ausbildungszweige geben: allgemeine BodyTalk-Anwender, Laien, die Familie und Freuden mit einfachen Balancen zur Seite stehen, und Spezialisten, die sich im Rahmen ihrer Spezialisierung um die schwereren Fälle kümmern.

Auch dem neuen Trend zu multidisziplinären Kliniken, in denen Therapeuten aus den verschiedensten konventionellen und alternativen Bereichen miteinander kooperieren, um ihren Patienten einen optimalen Service zu bieten, kommt das BodyTalk-System sehr entgegen.

Wenn jeder der verschiedenen Anwender im BodyTalk-Protokoll ausgebildet ist, entsteht eine gemeinsame Sprache, welche die Basis für eine effektive interdisziplinäre Zusammenarbeit legt. Dann kann die innere Weisheit der Patienten bestimmen, welche Therapien zu welcher Zeit und in welcher Reihenfolge durchgeführt werden sollen.

Ich freue mich ganz besonders auf die Zeit, da die Krankenschwestern in BodyTalk ausgebildet werden und damit die Gesundung des Patienten beschleunigen. Wenn der Patient vor der Operation oder der Therapie ausbalanciert wird, können diese besser und schneller anschlagen. Nach der Operation werden dann die Narben balanciert und der Körper der neuen Energiedynamik angepasst. Das beschleunigt die Heilungszeit um mehr als die Hälfte. Stellen Sie sich vor, wie viele Kosten dem Patienten und der Gesellschaft dadurch erspart werden.

Einer der spannendsten Aspekte des BodyTalk betrifft die Kostenersparnis im Gesundheitswesen. Das BodyTalk-System erfordert ein Minimum an Sitzungen. Außer in sehr schwierigen Fällen reichen am Anfang zwei bis vier Balancen, um das jeweilige Problem zu beheben. Danach muss der Klient meistens einmal im Monat zur Nachbalance kommen, bis sich der neue Energiezustand nach einigen Monaten fest etabliert hat. In den USA kostet eine durchschnittliche Sitzung umgerechnet etwa sechzig bis neunzig Euro.

Wenn Sie das hochrechnen, können Sie sehen, wie groß die Ersparnisse sind.

Ich danke Ihnen, dass Sie diese Entdeckungsreise in das BodyTalk-System mit mir unternommen haben. Ich habe keinen Zweifel, dass Sie in Zukunft noch viel über BodyTalk hören werden. In zehn Jahren – da bin ich mir sicher – wird BodyTalk unter diesem oder einem anderen Namen ein feststehender Begriff im Gesundheitswesen sein.

Wenn Sie die essentielle GrundBalance des BodyTalk einsetzen, um Ihre eigene Behandlungsform zu erweitern, werden die Ergebnisse für sich sprechen. Sind Sie ein Laie, der in der Gesundheitsvorsorge für seine Familie ein aktivere Rolle spielen will, brauchen Sie in Ihrem Mangel an medizinischem Grundwissen kein Manko zu sehen. Das Schöne am BodyTalk-System ist die Tatsache, dass man es ohne subjektive Diagnosefähigkeiten anwenden kann. Vertrauen Sie einfach dem Körper selbst – er weiß alle Antworten und wartet nur darauf, gehört zu werden.

Über den Autor

Dr. John Veltheim ist Chiropraktiker, traditioneller Akupunkteur, Philosoph, Reiki-Meister und Schriftsteller. Fünfzehn Jahre lang führte er eine sehr erfolgreiche Praxis in Brisbane in Australien und leitete das *Brisbane College of Acupuncture* für die Dauer von fünf Jahren. Nach seiner Ausbildung vertiefte er sich in das Studium der Applied Kinesiology, der bioenergetischen Therapie, Osteopathie, Sportmedizin, Lebensberatung, vergleichenden Philosophie und Theologie.

Auf seinen Vortragsreisen, die ihn und seine Frau Esther seit vielen Jahren in alle Welt führten, hat John über Themen wie MindScape, Breakthrough, Reiki, Philosophie, das BodyTalk-System und Biowissenschaften referiert. Er unterrichtet regelmäßig in Australien, Neuseeland, Hongkong, Malta, England, Schweden, der Schweiz und den USA.

John Veltheim ist Begründer des *BodyTalk System™* und Autor der dazugehörigen Lehrbücher. Zusammen mit seiner Frau Esther schrieb er das Buch *Reiki: The Science, Metaphysics and Philosophy*; er hat ein Buch über Akupunktur verfasst und eine Anzahl von Artikeln zu verschiedenen Themen veröffentlicht. John und Esther sind Begründer der *PaRama School of Philosophy and Life Sciences.*

Kontaktadresse für *PaRama* und Dr. Veltheim:
5500 Bee Ridge Rd., Suite 103
Sarasota, Florida, 34233, USA
Tel: (001) 941- 342-9119
Fax: (001) 941- 378-0521
E-Mail: john@bodytalk.com
Website: www.parama.com

Eine Liste der BodyTalk-Anwender, Ausbildungstermine finden Sie auf der Website der IBA *(International BodyTalk Association)* unter: www.bodytalksystem.com

17 Hindernisse